Les 100 meilleurs vins pour une cave idéale

Éric Beaumard est un sommelier de réputation internationale. À la fois meilleur sommelier de France 1987, meilleur sommelier du monde médaillé d'argent 1998, meilleur sommelier d'Europe 1994, il n'a pourtant rien d'un homme blasé !

Les grands terroirs ne cessent de l'éblouir, les relations avec les hommes du vin l'enthousiasment, les secrets de l'équilibre des grands vins l'émerveillent.

Directeur de la cave du restaurant de l'hôtel Four Seasons-George V, il transmet chaque jour sa passion aux clients de cette table trois fois étoilée à travers sa sélection de vins.

Au George V, il a constitué une cave de 50 000 bouteilles, nourrie à la fois par de perpétuelles découvertes et des liens fidèles avec des vignerons dont il admire la capacité à révéler les terroirs.

Chaque année, l'arrivée du millésime est « une vraie vendange intellectuelle », aime dire Éric Beaumard, qui y voit l'occasion de percer de nouveaux mystères dont les jolis vins sont si riches.

Il partage ici quelques-unes de ses meilleures adresses.

LE PETIT LIVRE

Les 100 meilleurs vins pour une cave idéale

Éric BEAUMARD

avec la collaboration de
Catherine GERBOD

FIRST
Editions

ISBN : 978-2-412-02869-8
Dépôt légal : août 2017
Imprimé en Italie

Direction éditoriale : Aurélie Starckmann
Édition : Iris Odier
Conception graphique : Georges Brevière
Mise en page : Istria

Éditions First, un département d'Édi8
12, avenue d'Italie
75013 Paris – France
Tél. : 01 44 16 09 00
Fax : 01 44 16 09 01
e-mail : firstinfo@efirst.com
Site Internet : www.editionsfirst.fr

Introduction

Comment lire ce livre ?

Ce Petit Livre s'adresse aux amateurs de vin qui veulent se constituer une cave idéale sans peine et sans se ruiner, qui leur permette d'avoir le vin qu'il faut pour toutes les occasions et pour accompagner tout type de plat. Pour chacun des vins proposés, je vous indique avec quel plat il se marie, sa température de service et son potentiel de garde…

Les prix sont donnés à titre indicatif et correspondent aux prix observés chez les cavistes ou à la propriété (hors frais de port). Ils peuvent connaître des variations importantes en cours d'année pour un millésime très recherché ou d'un millésime à l'autre, ou encore d'un point de vente à un autre.

Ce Petit Livre vous accompagnera lors de vos achats de vins, que vous soyez un amateur débutant ou éclairé.

Dans la première partie, vous trouverez de quoi constituer une cave si vous partez de zéro : 30 premières bouteilles de vins blanc, rouge ou rosé, pour toutes les occasions. La deuxième partie propose 30 vins pour aller plus loin.

La troisième partie s'adresse aux amateurs éclairés, à la recherche de vins plus sophistiqués.
Enfin, découvrez 10 vins à goûter une fois dans votre vie !
Dans chaque partie, les vins sont classés par couleur et par ordre alphabétique de l'appellation. En annexe, vous trouverez un glossaire et des index thématiques.
Bon voyage au pays des 100 meilleurs vins !

Qu'est-ce qu'une bonne cave ?

Par définition, une bonne cave est l'endroit idéal pour conserver son vin, c'est-à-dire pour qu'il ne s'abîme pas et, en plus, qu'il s'améliore. D'une manière générale, quel que soit l'endroit où l'on vit – en appartement, en ville ou à la campagne –, il s'agit de restituer dans la mesure du possible les conditions d'une cave de vigneron, ou du moins de s'en approcher. Pour cela, six grands principes doivent être observés.

1. Une cave stable

Il faut tout d'abord garder à l'esprit que le vin est un produit vivant. Le mouvement est un facteur de vieillissement prématuré. Si certains vins s'améliorent en vieillissant, le vin ne doit pas vieillir trop vite. Pour qu'elles réalisent leur meilleur potentiel, il faut laisser les bouteilles vieillir à leur rythme, sans les bousculer. C'est pourquoi le premier critère d'une bonne cave est la stabilité : les bouteilles ne doivent pas être soumises à des vibrations. Entreposer ses bouteilles près d'un lave-linge est une très mauvaise idée !

Le transport du vin

Les tanins du vin sont un antioxydant naturel et ont donc un effet protecteur sur le vin. Si les vins rouges sont dotés d'une structure tannique, ce n'est pas le cas des vins blancs, qui sont donc plus fragiles et résistent moins bien au transport que les rouges.

Au sujet du vin bio

Les vins bio, c'est-à-dire issus de raisins cultivés en agriculture biologique, contiennent moins de soufre. Ce dernier a des propriétés antioxydantes qui facilitent la conservation du vin mais certaines personnes le tolèrent mal lorsqu'il est présent en excès. L'inconvénient d'une absence ou d'une très faible quantité de soufre est de fragiliser le vin. Il faut éviter à ces vins des variations de température brutales et les conserver en dessous de 14 °C.

2. Une cave humide

Le moyen d'obturation des bouteilles le plus courant aujourd'hui encore est le bouchon de liège. Le liège est un bois élastique qui a besoin d'humidité. Aussi une cave idéale doit-elle être humide… mais pas trop ! L'humidité de votre cave devra être comprise entre 50 et 80 %. L'humidité se mesure à l'aide d'un hygromètre (voir « Les ustensiles indispensables », p. 10). Si l'humidité est trop importante, les étiquettes des bouteilles s'altèrent et se décollent.

Astuce

Votre cave est trop humide ? Utilisez des déshumidificateurs à base de soude, qui absorbent l'humidité. Vous pouvez aussi mettre de la terre battue sur le sol. Si vous possédez beaucoup de bouteilles de valeur, vous pouvez également climatiser votre cave.

3. Une cave sans lumière

Vous avez sans doute remarqué que le verre des bouteilles de vin est foncé. Il s'agit de limiter l'effet négatif des ultraviolets. Ce type de rayons dénaturent le vin et engendrent des arômes désagréables. Sous leur action, un vin effervescent prend des arômes sulfureux. Une bonne cave est donc une cave sans lumière.

4. Une cave à la température idéale

Dans l'absolu, plus la température est basse, plus le vin vieillit lentement; plus elle est élevée, plus le vin vieillit vite. La température idéale est donc ni trop froide ni trop chaude: elle doit être comprise entre 12 et 16 °C. Un thermomètre vous permettra de la surveiller. Le vin est un produit vivant qui vieillit vite, surtout s'il n'est pas conservé dans de bonnes conditions. Pour vous rendre compte de ce phénomène, il est toujours intéressant de goûter un même vin chez le producteur (vigneron) et chez vous: si la différence de goût est manifeste, c'est que le vin chez vous a évolué trop vite. Tirez-en la conclusion qui s'impose: vous avez une mauvaise cave!

5. Une cave sans odeurs

Beaucoup de consommateurs de vin (peut-être en faites-vous partie...) stockent le vin qu'ils achètent dans son carton dans la cuisine, entre les poireaux et les gousses d'ail, à défaut de posséder une vraie cave. Or, le bouchon des bouteilles, s'il est en liège, s'imprègne des mauvaises odeurs, qui passent ensuite dans le vin. Chez vous, il faut donc stocker vos bouteilles à distance des mauvaises odeurs. Dans le cas des bouteilles à bouchon vissé, la question ne se pose pas.

6. Une cave aérée

Si vous avez la chance de vous faire construire une maison, pensez à l'emplacement de votre cave à vins : elle devra être située au nord-est (afin d'éviter les variations de température), avec un soupirail ou une petite arrivée d'air orientée au sud pour le renouvellement de l'air.

Les ustensiles indispensables : thermomètre et hygromètre

Le thermomètre et l'hygromètre sont les deux ustensiles indispensables d'un amateur de vin. Ils sont généralement vendus ensemble.

Au fil des saisons, la température et le taux d'humidité de votre cave évoluent. Pour conserver votre vin dans de bonnes conditions tout au long de l'année, il vous faut les surveiller.

Aménagement et rangement

Vous pouvez ranger votre vin dans des caisses, des casiers ou des armoires. La solution idéale est le casier, qui permet au vin de s'aérer. Pour l'aménagement de votre cave, privilégiez les casiers en bois naturel, qui est le matériau le plus noble. Choisissez-les « traités marine », contre l'humidité. Vous pouvez aussi opter pour des casiers en béton ou en pierre légère, poreuse. Si vous possédez des vins de prestige, vous pouvez les conserver dans des armoires en fer.

À éviter

Qui dit bois dit risque de termites. Pourtant, évitez les produits antifongiques. Vaporisés à côté des bouteilles, ils dénaturent le vin en lui donnant un caractère bouchonné.

Astuce

Évitez de stocker le vin en carton dans votre cave, surtout si elle est humide. Si vous achetez du vin en caisse de bois et que vous envisagez de le revendre par la suite, laissez-le dans sa caisse d'origine : il n'en aura que plus de valeur au moment de la vente.

Bouchons en liège ou bouchons synthétiques ?

Il existe différents types de bouchage :

- le bouchon classique en chêne-liège,
- le bouchon en liège colmaté, aggloméré ou technique (corps en liège aggloméré et rondelles de liège naturel aux extrémités),
- le bouchon synthétique,
- la capsule à vis,
- le bouchon en verre.

Au total, 18 milliards de bouchons sont utilisés dans le monde chaque année. Traditionnellement, le bouchon en chêne-liège est le plus répandu. Or, l'arbre d'où proviennent les planches de liège dont on tire les bouchons doit avoir 35 ans d'âge. Une fois l'écorce retirée pour être transformée en bouchon, il faut encore attendre sept ans pour qu'elle repousse… En conséquence, les producteurs de vin doivent faire face à un problème d'approvisionnement et à une baisse de la qualité des bouchons. Pour des vins de faible garde, il est donc possible d'obturer les bouteilles avec de nouveaux procédés : le bouchon synthétique ou le bouchon vissé sont les meilleures solutions. En revanche, pour les grands vins et surtout pour les vins rouges, les bouchons en chêne-liège de très bonne qualité sont préférables.

Conseil : *Vous pouvez acheter les yeux fermés un jeune vin blanc doté d'un bouchon vissé ou synthétique : vous avez la certitude qu'il ne sera pas bouchonné. Les bouchons à vis sont associés à des vins bas de gamme en France. Pourtant, dans d'autres vignobles, des grands vignerons les ont adoptés pour boucher leurs vins à boire assez vite.*

Bouchons et rangement

Le saviez-vous ? Le mode de rangement de vos bouteilles dépend de leur bouchon. En effet, dans le cas d'un bouchon à vis ou synthétique, il n'est pas nécessaire de conserver votre bouteille en position couchée. En revanche, une bouteille obturée par du liège doit impérativement être conservée couchée pour que le bouchon reste humide. En effet, le liège est une matière vivante. S'il est trop sec, il se rétracte, ce qui crée un espace entre le verre et le bouchon. Le vin devient alors plus vulnérable à des phénomènes d'oxydation.

Rangement

Déposez vos bouteilles dans les casiers ou sur les étagères en veillant à mettre l'étiquette vers le haut. Ainsi, vous pourrez retrouver facilement la bouteille que vous cherchez sans avoir à retourner toutes celles de votre cave !

Mettez plutôt les vins blancs en hauteur et les vins rouges en bas : en effet, les vins évoluent plus vite en hauteur. Pensez à garder les vins de faible garde à portée de main. Une fois vos bouteilles rangées, n'oubliez pas de numéroter les casiers. Cela vous permettra d'organiser et de tenir à jour votre livre de cave.

Conseil : *Évitez de remuer les vins. Colportée depuis longtemps, la tradition, qui vient de la Champagne, veut qu'il soit bon de séparer le dépôt des vins clairs. En remuant la bouteille, on risque de faire bouger le dépôt.*

Entretien du vin

Pour entretenir votre cave, tenez à jour le taux d'humidité. Ajoutez si besoin de la terre battue, du gravillon et versez de l'eau si l'humidité est trop faible.

Cave d'habitation individuelle ou collective

Si vous vivez dans une maison à Saumur ou à Vouvray, ou dans toute autre région où les murs sont faits de tuffeau ou de craie, vous avez déjà une cave idéale : la craie régule naturellement la température et absorbe l'humidité. Si vous habitez dans une autre région, ou en appartement, commencez par évaluer le taux d'humidité et la température de votre cave. Si elle se rapproche des conditions idéales, vous pouvez y installer vos bouteilles. Au besoin, ajoutez de l'eau et des humidificateurs pour réguler la température et l'humidité !

Armoire à vin

Si vous ne possédez pas de cave ou si les conditions ne sont pas réunies, vous pouvez opter pour une armoire à vin réfrigérée. Apparues dans les années 1980, ces caves à vin ont d'abord fait scandale avant de s'imposer comme une bonne solution d'appoint. À défaut d'une « vraie cave », l'armoire à vin permet de stocker son vin dans de bonnes conditions.

Conseil : *Il existe des modèles de format très variés à choisir en fonction du nombre de bouteilles que vous souhaitez y entreposer ou de l'emplacement. Choisissez de préférence un modèle doté de deux zones de températures : l'une destinée au vieillissement du vin et l'autre à la mise en température du vin pour le service.*

Matériel de cave : les bonnes adresses

Les enseignes de la grande distribution proposent pour la plupart un rayon de matériel de cave, de même que de nombreux cavistes. Quelques références de spécialistes :

- **Argicru** : www.argicru.com (casiers à vins en argile)
- **ArteVino** : www.boutique-artevino.com
- **L'Atelier du vin** : www.atelierduvin.com
- **Les Casiers d'antan** : www.casiersdantan.com
- **Eurocave** : www.eurocave.com
- **Ma cave à vins** : www.ma-cave-a-vin.fr
- **Vinosafe** : www.vinosafecom

Bon plan VIP : louer une cave

Depuis quelques années, dans certaines villes, des entreprises proposent de louer une cave ou une partie de cave pour stocker vos vins. Elles peuvent aussi se charger de livrer les bouteilles que vous souhaitez boire, voire de gérer votre livre de cave en vous signalant le moment optimal pour boire les bouteilles en fonction de leur millésime.

Comment bien choisir les bouteilles qui constitueront votre cave à vins ?

La cave est prête, il ne manque plus que les bouteilles !

Ma suggestion : *Constituez dans votre cave une petite sélection de demi-bouteilles. Cela vous permettra de garder vos grandes bouteilles pour les grandes occasions… En effet, la demi-bouteille est idéale si vous la dégustez seul ou à deux, car il est toujours dommage de ne pas finir une bouteille une fois qu'elle est débouchée. Notez cependant qu'un vin est meilleur dans une grande bouteille : plus le contenant est grand, plus le vin vieillit lentement… Privilégier les grandes bouteilles ne relève donc pas d'une fantaisie. Lorsque vous recevez six personnes à dîner, n'hésitez pas à ouvrir un magnum !*

La bonne proportion de bouteilles :
70 % de rouges/20 % de blancs/10 % de champagne.
Voici les types de bouteilles que vous pourrez trouver dans votre cave :

Dénomination	Équivalence bouteille(s)	Contenance	Origine
Fillette		35 cl	Val de Loire (Anjou)
Demi-bouteille	1/2	37,5 cl	Ensemble du vignoble français
Bouteille	1	75 cl	
Magnum	2	1,5 l	Bordeaux, Bourgogne Vallée du Rhône, Val de Loire
Jéroboam	4	3 l	
Double magnum	6	4,5 l	
Impérial	8	6 l	
POUR LES CHAMPAGNES			
Demi-bouteille	1/2	37,5 cl	Champagne
Bouteille	1	75 cl	
Jéroboam	4	3 l	
Réhoboam	6	4,5 l	
Mathusalem	8	6 l	
Salmanazar	12	9 l	
Balthazar	16	12 l	
Nabuchodonosor	20	15 l	
POUR LES VINS SPÉCIAUX			
Flûte type vin d'Alsace		75 cl	
Clavelin (vins jaunes)		62 cl	
Pot de beaujolais		50 cl	

Où acheter son vin ?

Chez le vigneron

Même si cela nécessite de se déplacer, l'achat directement chez le producteur reste l'option la plus séduisante. Prévoyez de partir un week-end dans votre région viticole préférée et prenez le temps de discuter avec les vignerons. L'idéal est de prendre rendez-vous avec le vigneron. N'hésitez pas à lui demander de faire le tour du propriétaire. Attention cependant, si vous achetez du vin, à ne pas le laisser trop longtemps dans le coffre de votre voiture : le vin n'apprécie ni le grand froid ni les fortes chaleurs.

Chez le caviste

Passionnés et compétents, les cavistes se rendent régulièrement dans les vignobles pour dénicher des produits intéressants. La disponibilité, le conseil et la qualité du service valent bien des prix plus élevés.

Dans les grandes surfaces

Sous l'impulsion de sommeliers et d'œnologues, la plupart des enseignes ont amélioré leur sélection et les conditions de stockage. Mais c'est au moment des grandes foires de vins que l'on trouve en grandes surfaces les prix et les produits les plus intéressants. Ne les manquez pas !

Sur Internet

De plus en plus de vignerons vendent leur vin en direct sur leur site Internet tandis que les cavistes en ligne abondent. Vérifiez toujours les millésimes disponibles (les photos et les fiches techniques ne sont pas toujours à jour), les délais et les frais de livraison. Et, bien sûr, comparez les prix d'un site à l'autre.

Les bonnes questions à poser à son caviste/producteur

Si vous achetez vos bouteilles chez un caviste ou un producteur, profitez-en pour lui poser ces questions :

- Cette bouteille est-elle à conserver ou à servir tout de suite ?
- Quelle est sa température de service ?
- Faut-il la décanter (la mettre en carafe) ?
- Le bouchon est-il en liège ou synthétique ?
- Avec quels mets la boire ?

Bien choisir l'année : tableau des millésimes

Chaque saison révèle des caractères qui enrichissent notre patrimoine viticole. Voici une liste de millésimes que vous pouvez acheter ou toujours avoir en cave. Aujourd'hui, grâce à des vinifications de qualité accrue, les vins peuvent s'apprécier plus tôt, mais aussi mieux vieillir. Nous avons choisi de détailler les 24 dernières années, en n'oubliant jamais que c'est au long et obstiné travail du vigneron que l'on doit un grand vin de qualité.

Quels vins carafer ?

Vous pouvez carafer les vins rouges jeunes et un peu structurés. Mieux vaut les carafer 1 h avant le service.
Pour carafer les vins rouges de 10 à 15 ans ou de grands millésimes, mettez la bouteille debout la veille afin que le dépôt se rassemble au fond et attendez une heure après la décantation.
Vous pouvez aussi carafer le champagne, mais soyez attentif à ce que la carafe soit très froide, et le champagne très frais, car le carafage peut bousculer l'équilibre gustatif : la pression diminue de 1 bar à 1,5 bar, et le vin devient donc moins effervescent.
Évitez de carafer les vins blancs. Le carafage risque de leur faire perdre des arômes.

Années	Bordeaux rouge	Bordeaux blanc	Bourgogne rouge	Bourgogne blanc	Côtes-du-rhône
1991	11	12	14	14	17
1992	11	12	14	18	12
1993	12	15	13	17	13
1994	13	14	14	16	14
1995	16	15	17	18	17
1996	16	15	15	17	15
1997	15	16	17	15	16
1998	18	17	15	15	16
1999	17	18	20	20	19
2000	19	17	15	19	18
2001	15	16	16	16	18
2002	15	16	17	18	10
2003	17	15	16	17	16
2004	15	17	14	18	17
2005	19	19	19	17	19
2006	18	16	16	18	17
2007	15	18	15	17	16
2008	17	18	17	17	17
2009	20	18	19	18	19
2010	20	19	19	17	20
2011	18	17	17	18	18
2012	17	18	18	19	17
2013	15	18	16	17	16
2014	18	17	18	19	18

Note sur 20

Votre livre de cave

Votre livre de cave sera un élément indispensable pour l'entretien de votre cave à vins. Il faut le remplir avec soin. Vous pourrez l'organiser par type de vin : blanc, blanc liquoreux, champagne, rouge, etc. Indiquez pour chaque vin son prix d'achat, inscrivez vos commentaires lors de la dégustation et des idées d'accords mets et vins.

Astuce

Ne laissez pas votre livre de cave… à la cave : à cause de l'humidité, il risque de s'abîmer très vite.

Idée !

Si vous possédez une cave assez spacieuse, achetez un tonneau vide chez un producteur. Vous pourrez y poser des verres et organiser des séances de dégustation entre amis !

FICHE TYPE LIVRE DE CAVE

Nom du vin..

Millésime .... Couleur ....

Appellation..

Pays, Région..

Producteur..

Date d'achat.................... Apogée ....

Quantité achetée.............. Quantité restante ....

Prix..

Emplacement..

Commentaires..

....

....

....

....

....

....

Première partie

•

Les 30 premières bouteilles de l'amateur débutant

Vous devez systématiquement courir au supermarché parce que vous n'avez pas de bouteille à servir avec votre foie gras à Noël ? Chaque fois que vous recevez vos amis pour dîner, vous vous demandez ce que vous allez bien pouvoir leur offrir à boire ?
Les 30 premières bouteilles de votre cave idéale sont les vins à avoir sous la main pour toutes les circonstances, et pour accompagner tous types de plats.

Caractéristiques des 30 premières bouteilles :

Prix : à partir de 7,90 €.

Potentiel de garde : moins de 10 ans.

N.B. : Le prix indiqué pour chaque bouteille est soit un prix observé chez les cavistes, soit un prix propriété. Il peut varier selon le lieu d'achat et selon les millésimes.

ALSACE PINOT BLANC

Couleur : blanc
Nom de région : Alsace
Appellation : AOP alsace
Cépage : pinot blanc
Potentiel de garde : 1-2 ans
Température de service : 10-12 °C
L'œil : robe jaune très pâle.
Le nez : palette riche, avec des arômes de pêche et d'agrumes.
La bouche : notes épicées au palais, attaque vive.
Mets et vins : fruits de mer, quiche lorraine, tarte à l'oignon.

Mon commentaire : *un vin équilibré, gras, facile à accorder avec de nombreux mets.*

- **Domaine Albert Mann,**
  68920 Wettolsheim. Tél. : 03 89 80 62 00.
  Pinot blanc auxerrois 2014 : 11 €.

ALSACE RIESLING

Couleur : blanc
Nom de région : Alsace
Appellation : AOP alsace
Cépage : riesling
Potentiel de garde : 2-5 ans
Température de service : 8-10 °C
L'œil : robe jaune limpide, brillante.
Le nez : aromatique, avec des senteurs florales.
La bouche : expressivité, vivacité et fraîcheur.
Mets et vins : fruits de mer, carpaccios et terrines de poisson, coq au riesling, asperges.

Mon commentaire : *un cépage aromatique qui, dans sa jeunesse, développe des notes exotiques et mentholées et de la fraîcheur.*

- **Domaine Albert Boxler,**
  68220 Niederworschwihr. Tél. : 03 89 27 11 32.
  Riesling 2014 : 17 €.
- **Domaine Agapé,**
  68340 Riquewihr. Tél. : 03 89 47 94 23.
  Riesling expression 2013 : 10,80 €.

BOUZERON

Couleur : blanc
Nom de région : Bourgogne
Nom de sous-région : Côte chalonnaise
Appellation : AOP bouzeron
Cépage : aligoté doré
Potentiel de garde : 2-5 ans
Température de service : 12 °C
L'œil : robe or pâle, minéral.
Le nez : bouquet floral puis fruité.
La bouche : notes citronnées. L'acidité se déclare en finale.
Mets et vins : apéritif, en préambule pour un repas assez léger, crabe, poisson cru mariné, plats traditionnels comme jambon persillé, gougère, soufflé au fromage, escargots en persillade, fritures.

Mon commentaire : *son cépage est connu pour faire les vins associés à la crème de cassis pour le kir mais il peut donner des vins charmeurs, agréables, nerveux et désaltérants à déguster bien sûr natures !*

- **Domaine A. et P. de Villaine,**
  71150 Bouzeron. Tél. : 03 85 91 20 50.
  Bouzeron 2013 : 15 €.

CÔTES-DU-JURA

Couleur : blanc
Nom de région : Jura
Appellation : AOP côtes-du-jura
Cépage : chardonnay
Potentiel de garde : 4-5 ans
Température de service : 10 °C
L'œil : robe or assez pâle, reflets verts.
Le nez : nez précis, notes de fruits mûrs.
La bouche : ample, salivante, élégante, salinité finale.
Mets et vins : boudin blanc, volailles, poissons, chèvre.

Mon commentaire : *un domaine familial dynamique, illustrant le nouveau visage du Jura. Il est installé sur un site magnifique qui a vu naître Rouget-de-Lisle.*

- **Domaine Pignier,**
  39570 Montaigu. Tél. : 03 84 24 24 30.
  À la Percenette 2013 : 16 €.

CÔTES-DU-RHÔNE

Couleur : blanc
Nom de région : vallée du Rhône
Nom de sous-région : méridionale
Appellation : AOP côtes-du-rhône
Cépages : roussanne, clairette, grenache blanc
Potentiel de garde : 3 ans
Température de service : 9-10 °C
L'œil : robe jaune limpide et brillante.
Le nez : arômes de fleurs blanches, de fruits exotiques.
La bouche : vin équilibré, agréable, rond, plein.
Mets et vins : plats relevés, légèrement épicés, mais aussi terrine de foie gras, volaille rôtie, fromages de chèvre mi-affinés.

Mon commentaire : *un vin blanc sec, riche et opulent tout en étant bien équilibré.*

- **Domaine de la Bécassonne - Vignobles André Brunel,**
  84700 Sorgues. Tél. : 04 90 83 72 62.
  Côtes-du Rhône 2014 : 8 €.

CROZES-HERMITAGE

Couleur : blanc
Nom de région : vallée du Rhône
Nom de sous-région : septentrionale
Appellation : AOP crozes-hermitage
Cépage : marsanne
Potentiel de garde : 4-5 ans
Température de service : 8-10 °C
L'œil : robe jaune paille, assez cristalline.
Le nez : fruité et floral, fin, précis. Boisé peu marqué.
La bouche : vin tendre, acidité basse. Souplesse. Notes mellifères, d'amande douce. Aucune lourdeur. Intense et frais. Belle expression du cépage marsanne.
Mets et vins : apéritif, caillettes, quenelles, andouillettes, plats canailles.

Mon conseil : *ne pas le servir trop froid. Il peut se servir dès l'apéritif.*

- **Domaine Julien Pilon,**
  69420 Condrieu. Tél. : 04 74 48 65 38.
  Crozes-hermitage On The Rhône Again 2014 : 18 €.

ENTRE-DEUX-MERS

Couleur : blanc
Nom de région : Bordelais
Nom de sous-région : Entre-deux-mers
Appellation : AOP entre-deux-mers
Cépages : sémillon, sauvignon, muscadelle
Potentiel de garde : 2-4 ans
Température de service : 8-10 °C
L'œil : robe jaune pâle, brillante.
Le nez : ouvert, aromatique, touche d'agrumes, de fleurs blanches.
La bouche : fraîcheur, bel éclat, très désaltérant, franc.
Mets et vins : friture d'éperlan, crevettes pochées au court-bouillon à la badiane, saumon, asperges, fruits de mer.

Mon commentaire : *ce vin est issu de la propriété personnelle de l'un des plus vifs esprits du Bordelais, Pierre Lurton. Marjosse contraste heureusement avec les vins blancs très techniques qu'il est devenu de bon ton de produire dans le Médoc. Une bouffée de fraîcheur salutaire !*

- **Château Marjosse,**
  33420 Tizac-de-Curton. Tél. : 05 57 55 57 80.
  Château Marjosse 2013 : 8,80 €.

MÂCON

Couleur : blanc
Nom de région : Bourgogne
Nom de sous-région : Mâconnais
Appellation : AOP mâcon
Cépage : chardonnay
Potentiel de garde : 3-5 ans
Température de service : 11-13 °C
L'œil : robe couleur or jaune, limpide, assez claire.
Le nez : arômes évoquant le genêt, la rose blanche, l'acacia et les agrumes.
La bouche : vin frais, sec, bien fruité au palais.
Mets et vins : escargots, jambon persillé, cuisses de grenouilles, fromages de chèvre.

- **Domaine Jacques et Nathalie Saumaize,**
  71960 Vergisson. Tél. : 03 85 35 82 14.
  Macon-Bussières Montbrison 2014 : 11 €.

MONTLOUIS

Couleur : blanc (sec)
Nom de région : vallée de la Loire
Nom de sous-région : Touraine
Appellation : AOP montlouis
Cépage : chenin
Potentiel de garde : 4-5 ans
Température de service : 8-10 °C
L'œil : robe jaune pâle, lumineuse.
Le nez : ouvert, délicat. Arômes de fleurs blanches, d'amande, de citron, de poire, notes miellées. Nez franc, frais.
La bouche : attaque ample, le milieu de bouche a beaucoup d'intensité, le vin est tendu, la finale est relativement souple, une pointe de douceur. L'ensemble est harmonieux
Mets et vins : ris de veau au sautoir à la citronnelle, noix de Saint-Jacques au yuzu.

Mon commentaire : *une grande réussite du chenin sur un terroir d'argile. Beaucoup d'ampleur. La récompense d'un grand travail.*

- **Domaine François Chidaine,**
  37270 Montlouis-sur-Loire. Tél. : 02 47 45 19 14.
  Montlouis Les Choisilles 2014 : 17,80 €.

SAINT-PÉRAY

Couleur : blanc
Nom de région : vallée du Rhône
Nom de sous-région : septentrionale
Appellation : AOP saint-péray
Cépages : marsanne, roussanne
Potentiel de garde : 4-5 ans
Température de service : 9-10 °C
L'œil : robe pâle à reflets verts.
Le nez : développe des arômes rappelant les fleurs grasses et les fruits blancs comme la poire.
La bouche : vin ample mais toujours très nerveux.
Mets et vins : apéritif, poissons de rivière, saint-félicien, rigotte, quenelles de brochet.

Mon commentaire : *vin sec issu du terroir valentinois, connu historiquement pour son vin effervescent.*

- **Domaine Auguste Clape,**
  07130 Cornas. Tél. : 04 75 40 33 64.
  Saint-péray 2012 : 22 €.
- **Domaine Julien Pilon,**
  69420 Condrieu. Tél. : 04 74 48 65 38.
  Saint-péray Les maisons de Victor 2014 : 19 €.

SANCERRE

Couleur : blanc
Nom de région : vallée de la Loire
Nom de sous-région : Centre
Appellation : AOP sancerre
Cépage : sauvignon
Potentiel de garde : 4-5 ans
Température de service : 9-10 °C
L'œil : teinte or pâle.
Le nez : notes d'agrumes et de fleurs blanches.
La bouche : riche, ample, acidulée.
Mets et vins : fruits de mer, poissons en sauce, fromages, asperges, feuilleté de poisson, crottin de Chavignol, même en apéritif et avec des plats citronnés.

Mon commentaire : *vin blanc sec aromatique riche, svelte, nerveux, fringant.*

- **Domaine Vincent Pinard,**
  18300 Bué. Tél. : 02 48 54 33 89.
  Sancerre Florès 2014 : 11,80 €.
- **Domaine Lucien Crochet,**
  18300 Bué. Tél. : 02 48 54 08 10.
  Sancerre Le Chêne 2013 : 14,90 €

Les vins blancs liquoreux

JURANÇON

Couleur : blanc (moelleux)
Nom de région : Sud-Ouest
Nom de sous-région : Pyrénées
Appellation : AOP jurançon
Cépages : petit manseng, gros manseng
Potentiel de garde : 1-5 ans
Température de service : 8-9 °C
L'œil : robe or et cuivre brillante.
Le nez : arômes de fruits secs et de fruits exotiques.
La bouche : moelleux, gras, expressif. Notes exotiques d'agrumes singulières. Finale vive.
Mets et vins : foie gras, desserts aux fruits exotiques : soufflé à la mangue, salade de mangue fraîche au miel de romarin, gâteau caramélisé à l'ananas.

Mon commentaire : *un vin moelleux qui sait toujours être rafraîchissant grâce à ses cépages.*

- **Domaine Camin Larredya,**
  64110 Jurançon. Tél. : 05 59 21 74 42.
  Costat Darrèr 2014 : 12,50 €.

Les vins rosés

CÔTES-DE-PROVENCE

Couleur: rosé
Nom de région: Provence
Nom de sous-région: méridionale
Appellation: AOP côtes-de-provence
Cépages: grenache, cinsault, syrah
Potentiel de garde: 1-2 ans
Température de service: 8-10 °C
L'œil: robe rose pâle, lumineuse.
Le nez: palette de fleurs, de fruits rouges avec une note d'amande fraîche.
La bouche: rondeur, délicatesse et fraîcheur.
Mets et vins: apéritif, charcuterie, salades de légumes à l'huile d'olive, saumon grillé et fenouil rôti.

- **Château des Demoiselles,**
  83920 La Motte. Tél.: 04 94 70 28 78.
  Château des Demoiselles 2014: 11,60 €.
  Les Garrigues rosé d'Éric Beaumard 2014: 7,90 €.
- **Château Saint-Maur,**
  83310 Cogolin. Tél.: 04 94 95 48 48.
  L'Excellence 2014: 17 €.

Les vins rouges

BEAUMES-DE-VENISE

Couleur : rouge
Nom de région : vallée du Rhône
Nom de sous-région : méridionale
Appellation : AOP beaumes-de-venise
Cépages : grenache, syrah, cinsault
Potentiel de garde : 2-3 ans
Température de service : 15-16 °C
L'œil : robe rouge cerise, reflets violacés.
Le nez : arômes discrètement fruités, avec des notes de fruits rouges.
La bouche : parfums de fruits rouges, tanins soyeux.
Mets et vins : grillades de bœuf, côtes d'agneau.

- **Vignerons de Balma Vénitia,**
  84190 Beaumes-de-Venise. Tél. : 04 90 12 41 00.
  Les Garrigues d'Éric Beaumard 2014 : 7,90 €.

CAHORS

Couleur : rouge
Nom de région : Sud-Ouest
Nom de sous-région : Quercy
Appellation : AOP cahors
Cépage : malbec
Potentiel de garde : 8 ans
Température de service : 17-18 °C
L'œil : robe sombre aux notes violacées.
Le nez : très bouqueté, à dominante de fruits noirs.
La bouche : puissance et tanins présents.
Mets et vins : charcuterie, cassoulet, canard, saint-nectaire fermier.

- **Château du Cèdre,**
  46700 Vire-sur-Lot. Tél. : 05 65 36 53 87.
  Château du Cèdre 2012 : 14,50 €.
- **Domaine Cosse-Maisonneuve,**
  46700 Lacapelle-Cabanac. Tél. : 06 78 79 57 10.
  Le Combal 2010 : 10 €.

CHINON

Couleur : rouge
Nom de région : vallée de la Loire
Nom de sous-région : Touraine
Appellation : AOP chinon
Cépage : cabernet franc
Potentiel de garde : 5 ans
Température de service : 13-14 °C
L'œil : robe rouge relativement claire, couleur rubis.
Le nez : fruité, avec une dominante de fruits rouges.
La bouche : aromatique, avec des tanins élégants.
Mets et vins : viandes rouges, gibier, fromages.

- **Domaine Bernard Baudry,**
  37500 Cravant-Les-Coteaux. Tél. : 02 47 93 15 79.
  Chinon Les Granges 2014 : 9 €.
- **Domaine Grosbois,**
  37220 Panzoult. Tél. : 02 47 58 66 87.
  Chinon La cuisine de ma mère 2014 : 10,40 €

CORSE

Couleur : rouge
Nom de région : Corse
Appellation : AOP corse-calvi
Cépages : nielluccio, sciacarello, grenache, syrah, carignan, mourvèdre, cinsault
Potentiel de garde : 2-5 ans
Température de service : 16-18 °C
L'œil : vif, couleur grenat.
Le nez : discret, fin, aux arômes de fruits rouges.
La bouche : fruits rouges, notes réglissées ou poivrées.
Mets et vins : viandes blanches, viandes rouges, fromages.

- **Domaine Maestracci,**
  20225 Feliceto. Tél. : 04 95 61 72 11.
  Clos Reginu 2014 : 9,60 €.

CÔTE-DE-BROUILLY

Couleur : rouge
Nom de région : Beaujolais
Appellation : AOP côte-de-brouilly
Cépage : gamay
Potentiel de garde : 5 ans
Température de service : 14-15 °C
L'œil : robe rouge grenat.
Le nez : arômes floraux (violette) et fruités, avec des notes minérales.
La bouche : charpenté, frais et élégant.
Mets et vins : viandes blanches, volailles, foie de veau, gâteau de foies blonds, viandes rouges, fromages.

- **Château Thivin,**
  69460 Odenas. Tél. : 04 74 03 47 53.
  Côte-de-brouilly Les 7 vignes 2013 : 9,90 €.

CÔTES-DE-PROVENCE

Couleur : rouge
Nom de région : Provence
Appellation : AOP côtes-de-provence
Cépages : grenache, cinsault, syrah, mourvèdre
Potentiel de garde : 4-5 ans
Température de service : 14 °C
L'œil : couleur pourpre, avec des reflets violets.
Le nez : notes fruitées et végétales, qui rappellent le laurier, le romarin, le thym.
La bouche : souple, arômes légers.
Mets et vins : daube, grillades aux aromates.

- **Domaine de Rimauresq,**
  83790 Pignans. Tél. : 04 94 48 80 45.
  Rimauresq cru classé 2013 : 14,90 €.
- **Domaine Château de Roquefort,**
  13830 Roquefort-la-Bédoule. Tél. : 04 42 73 20 84.
  Les Mûres 2013 : 14 €

CÔTES-DU-RHÔNE

Couleur : rouge
Nom de région : vallée du Rhône
Nom de sous-région : méridionale
Appellation : AOP côtes-du-rhône-villages-cairanne
Cépages : grenache, mourvèdre, syrah
Potentiel de garde : 8-10 ans
Température de service : 16-17 °C
L'œil : pourpre intense, légèrement opaque.
Le nez : dominé par des fruits noirs épicés, généreux et concentrés.
La bouche : puissante et large, le milieu de bouche est structuré. Tanins présents. Belle longueur.
Mets et vins : gibier en sauce : cuissot de chevreuil grand veneur, daube de bœuf à la provençale.

Mon commentaire : *un domaine énergique connu pour ses vins blancs où les vins rouges sont profonds et généreux, de garde.*

- **Domaine de l'Oratoire Saint-Martin,**
  84290 Cairanne. Tél. 04 90 30 82 07.
  Côtes-du-rhône-villages-cairanne Réserve des seigneurs 2013 : 12 €.

FAUGÈRES

Couleur : rouge
Nom de région : Languedoc
Appellation : AOP faugères
Cépages : grenache noir, syrah, mourvèdre
Potentiel de garde : 4-5 ans
Température de service : 16-18 °C
L'œil : robe rouge soutenu, avec des reflets violacés.
Le nez : arômes de fruits grillés, associés à des notes de fruits rouges et d'épices.
La bouche : vin ample et rond.
Mets et vins : agneau, viandes rouges grillées, rognons, gibier, viandes en sauce.

Mon commentaire : *l'appellation faugères est issue de terroirs majeurs du Languedoc-Roussillon dotés de sols de schistes. À découvrir.*

- **Domaine Jean-Michel Alquier,**
  34600 Faugères. Tél. : 04 67 23 07 89.
  Les Premières 2013 : 16,60 €.
- **Domaine Léon Barral,**
  34480 Cabrerolles. Tél. : 04 67 90 29 13.
  Faugères 2012 : 16,50 €

FRONSAC

Couleur : rouge
Nom de région : Bordelais
Nom de sous-région : Libournais
Appellation : AOP fronsac
Cépages : merlot, cabernet franc, cabernet sauvignon, malbec
Potentiel de garde : 4-5 ans
Température de service : 17 °C
L'œil : robe profonde.
Le nez : fruits rouges mûrs.
La bouche : sensations gustatives souples.
Mets et vins : succulent avec des plats ayant de la « mâche » : viande de bœuf saignante, agneau, volaille.

- **Château La Rousselle,**
  33126 Fronsac. Tél. : 05 57 24 96 73.
  Château La Rousselle 2011 : 19 €.

GAILLAC

Couleur : rouge
Nom de région : Sud-Ouest
Nom de sous-région : Tarn
Cépages : duras, braucol, syrah, mauzac
Potentiel de garde : 4-5 ans
Température de service : 15-17 °C
L'œil : robe colorée grenat intense, violine.
Le nez : fruits noirs et rouges, notes réglissées, touches d'épices.
Bouche : ample, généreuse, tonique.
Mets et vins : des viandes rouges grillées, des plats canailles.

Mon commentaire : *des vins monocépage à forte personnalité, à découvrir.*

- **Domaine Plageoles,**
  81140 Cahuzac-sur-Vère. Tél. 05 63 33 90 40.
  AOP gaillac Duras 2013 : 14,90 € ; AOP gaillac Syrah 2013 : 10,70 € ; Vin de France Mauzac Noir 2013 : 9,30 € ; IGP côtes-du-tarn Braucol 2014 : 10,90 €.

HAUTES-CÔTES-DE-NUITS

Couleur : rouge
Nom de région : Bourgogne
Nom de sous-région : côte de Nuits
Appellation : AOP bourgogne hautes-côtes-de-nuits villages
Cépage : pinot noir
Potentiel de garde : 3-5 ans
Température de service : 14-16 °C
L'œil : vin rouge cerise brillant.
Le nez : arômes de cassis, de groseille, mais aussi de sous-bois.
La bouche : vin puissant, gras, tannique.
Mets et vins : coq au vin, fromages, pigeon rôti, canard, bœuf bourguignon.

- **Domaine David Duband,**
  21220 Chevannes. Tél. : 03 80 61 41 16.
  Cuvée Louis Auguste 2013 : 21 €.

LANGUEDOC

Couleur : rouge
Nom de région : Languedoc
Appellation : AOP languedoc-montpeyroux
Cépages : grenache noir, cinsault, mourvèdre
Potentiel de garde : 4-5 ans
Température de service : 15-17 °C
L'œil : robe rouge carmin.
Le nez : arômes de fruits rouges (vins jeunes).
La bouche : puissante, avec des tanins soyeux et une finale épicée.
Mets et vins : viandes rouges, gibier, petits farcis, rougets grillés, lasagnes, plats avec des sauces tomate.

- **Domaine d'Aupilhac,**
  34150 Montpeyroux. Tél. : 04 67 96 61 19.
  Lou Maset 2014 : 8,70 €.

MORGON

Couleur : rouge
Nom de région : Beaujolais
Appellation : AOP morgon
Cépage : gamay
Potentiel de garde : 3-10 ans
Température de service : 13-15 °C
L'œil : vin rouge grenat soutenu.
Le nez : arômes de kirsch, de fruits mûrs et d'eau-de-vie.
La bouche : vin corsé, robuste, avec une attaque nette, vive.
Mets et vins : gibier à plumes, gigot d'agneau, andouillette, charcuteries, potée.

Mon commentaire : *bonne aptitude au vieillissement.*

- **Domaines Dominique Piron,**
  69910 Villié-Morgon. Tél. : 04 74 69 10 20.
  Domaine de la Chanaise 2014 : 10 € ;
  Côte du Py 2013 : 14,50 €.

PUISSEGUIN-SAINT-ÉMILION

Couleur : rouge
Nom de région : Bordelais
Nom de sous-région : Libournais
Appellation : AOP puisseguin-saint-émilion
Cépages : merlot, cabernet franc
Potentiel de garde : 5-8 ans
Température de service : 16-17 °C
L'œil : rubis intense, brillant et profond.
Le nez : fin, le fruit est présent.
La bouche : belle amplitude à l'attaque, le milieu de bouche est gourmand. La rétro-olfaction est fruitée, le boisé discret.
Mets et vins : côte de bœuf grillée, parmentier de canard.

Mon commentaire : *la finesse et l'élégance ont pris le pas sur l'extraction pour privilégier un meilleur équilibre. Le domaine a été repris depuis 2010 par son actuel propriétaire, Didier Le Calvez, qui bichonne ce terroir.*

- **Château Clarisse,**
  33570 Puisseguin. Tél. : 05 46 67 83 74.
  Château Clarisse 2012 : 26,30 €.

SAUMUR-CHAMPIGNY

Couleur: rouge
Nom de région: vallée de la Loire
Nom de sous-région: Anjou-Saumur
Appellation: AOP saumur-champigny
Cépages: cabernet franc, cabernet sauvignon
Potentiel de garde: 4-5 ans
Température de service: 12-14 °C
L'œil: robe d'un rouge rubis intense et brillant.
Le nez: arômes de fruits rouges et noirs.
La bouche: vin ample, rafraîchissant, tanins fins et délicats.
Mets et vins: andouillette grillée, soufflé au fromage, agneau, sandre.

- **Domaine des Roches Neuves,**
  49400 Varrains. Tél.: 02 41 52 94 02.
  Domaine des Roches Neuves 2014: 12 €.
- **Château de Villeneuve,**
  49400 Souzay-Champigny. Tél.: 02 41 51 14 04.
  Château de Villeneuve 2014 : 9,50 €.

TOURAINE

Couleur : rouge
Nom de région : vallée de la Loire
Nom de sous-région : Touraine
Appellation : AOC touraine
Cépage : côt noir.
Potentiel de garde : 5-10 ans
Température de service : 14-16 °C
L'œil : robe soutenue presque noire, avec des nuances violettes.
Le nez : intense, avec des arômes de fruits noirs mûrs et une pointe de réglisse.
La bouche : tanins présents mais pâtinés.
Mets et vins : charcuterie, viandes rouges grillées, pigeon, canard, plats relevés.

- **Domaine Les Poëte,**
  18120 Preuilly. Tél. : 06 61 62 88 52.
  Le Côt des Poëte 2011 : 18 €.

Les vins doux naturels

RASTEAU

Couleur : rouge
Nom de région : vallée du Rhône
Nom de sous-région : méridionale
Appellation : AOP rasteau

Cépages : grenache noir, grenache blanc, grenache gris
Potentiel de garde : 15 ans
Température de service : 12-14 °C
L'œil : rouge intense, concentré, opaque.
Le nez : fruits compotés, épices, ample.
La bouche : douce, suave, profonde.
Mets et vins : tarte aux myrtilles, desserts au chocolat, foie gras poêlé avec des figues rôties.

- **Domaine des Escaravailles,**
  84110 Rasteau. Tél. : 04 90 46 14 20.
  VDN Rasteau rouge : 13,50 €.

Deuxième partie

•

Les 30 vins « découverte »

Vous avez à présent réuni les bouteilles incontournables dans votre cave.
Dans cette partie, découvrez 30 vins plus originaux ou d'appellations moins connues pour aller plus loin : des vins rouges, rosés, blancs, moelleux, mais aussi des champagnes et des vins étrangers… des vins pour toutes les occasions !

Caractéristiques des 30 vins « découverte » :

Prix : entre 15,50 et 48 €.

Potentiel de garde : entre 3 et 20 ans.

N.B. : Le prix indiqué pour chaque bouteille est soit un prix observé chez les cavistes, soit un prix propriété. Il peut varier selon le lieu d'achat et selon les millésimes.

Les vins blancs

ALSACE PINOT GRIS

Couleur : blanc
Nom de région : Alsace
Appellation : AOP Alsace
Cépage : pinot gris
Potentiel de garde : 4-5 ans
Température de service : 7-8 °C
L'œil : robe dorée.
Le nez : aromatique, très fruité, musqué, épicé.
La bouche : fruits à noyau mûrs, vin épicé, ample, charnu, généreux.
Mets et vins : viandes blanches, champignons, quiche lorraine, tarte à l'oignon, foie gras, gibier à plumes.

Mon conseil : *s'il contient un peu de sucre résiduel, il accompagne des plats légèrement crémés.*

- **Domaine André Kientzler,**
  68150 Ribeauvillé. Tél. : 03 89 73 67 10.
  Pinot gris réserve particulière 2014 : 15,50 €.
- **Domaine Albert Mann,**
  68920 Wettolsheim. Tél. : 03 89 80 62 00.
  Pinot gris cuvée Albert 2013 : 17 €.

ALSACE RIESLING

Couleur : blanc
Nom de région : Alsace
Appellations: AOP alsace et alsace grand cru
Cépage : riesling
Potentiel de garde : 5-10 ans
Température de service : 8-10 °C
L'œil : robe limpide, brillante.
Le nez : noble, aromatique, très floral et fruité
La bouche : finesse, nervosité, richesse aromatique.
Mets et vins : turbot, bar, langoustines, fruits de mer, volailles.

Mon commentaire : *un blanc sec qui se caractérise par sa finesse, sa nervosité et son bouquet aromatique exceptionnel.*

- **Domaine Ostertag,**
  67680 Epfig. Tél.: 03 88 85 51 34.
  Riesling Vignoble d'E 2013 : 18 €.
- **Domaine Agapé,**
  68340 Riquewihr. Tél.: 03 89 47 94 23.
  Grand cru Rosacker 2013 : 21,20 €.
- **Domaine Albert Mann,**
  68920 Wettolsheim. Tél.: 03 89 80 62 00.
  Riesling Rosenberg 2012 : 25 €.

BORDEAUX

Couleur : blanc
Nom de région : Bordelais
Nom de sous-région : rive droite (terroir de Fronsac)
Appellation : AOP bordeaux blanc
Cépage : sauvignon blanc
Potentiel de garde : 3-5 ans
Température de service : 9-10 °C
L'œil : or pâle, lumineux.
Le nez : éclatant, explosif, fruité, floral. Notes de verveine, bourgeon de cassis, pointe exotique.
La bouche : touche boisée, notes beurrées, épicées, citronnées. Longueur en bouche. Une très belle fraîcheur.
Mets et vins : poissons de mer, huîtres, couteaux au beurre.

Mon commentaire : *un vin réalisé à partir de plants de cépage sauvignon récupérés à Sancerre. Un travail précis. Un vin qui a beaucoup d'éclat.*

- **Château Grand Village,**
  33240 Mouillac. Tél. : 05 57 84 44 03.
  Les Champs Libres 2014 : 15 €.

CHABLIS

Couleur : blanc
Nom de région : Bourgogne
Nom de sous-région : Chablisien
Appellation : AOP chablis
Cépage : chardonnay
Potentiel de garde : 5 ans
Température de service : 10 °C
L'œil : robe jaune pâle, reflets verts.
Le nez : petites pointes minérales qui rappellent le silex, raffiné, assez vif, citronné, fleurs blanches.
La bouche : très sec, d'une finesse remarquable, laisse au palais des notes minérales subtiles, noble.
Mets et vins : crabe, sole beurre noisette, plats canailles comme l'andouillette de Chablis, ris de veau, abats nobles, chèvre, poissons de rivière, viandes blanches, saint-jacques, escargots.

- **Domaine Jean-Paul et Benoît Droin,**
  89800 Chablis. Tél. : 03 86 42 16 78.
  Chablis premier cru Mont de Milieu 2013 : 23 €.
- **Domaine Pattes Loup,**
  89800 Courgis. Tél. : 03 86 41 46 38.
  Chablis premier cru Butteaux 2013 : 31 €.

CORSE

Couleur : blanc
Nom de région : Corse
Appellation : AOP corse-figari
Cépage : vermentino
Potentiel de garde : 4-5 ans
Température de service : 9-10 °C
L'œil : robe claire à reflets dorés.
Le nez : ouvert, fin, notes de fruits blancs à noyau et rappelant la badiane (anis étoilé), le miel, les fleurs blanches grasses. Un bouquet très original.
La bouche : beaucoup d'amplitude et de richesse, une belle longueur, quelques pointes de minéralité. L'acidité est discrète. La rétro-olfaction rappelle les notes de canne à sucre, les arômes boisés.
Mets et vins : fromage de brebis mi-affiné, rougets sauce escabèche ou grillés, petits farcis, agneau braisé à la sauge, lotte au safran, chèvre corse.

Mon commentaire : *l'un des meilleurs vins blancs secs de Corse. En vieillissant un peu, il se complexifie.*

- **Clos Canarelli,**
  20114 Figari. Tél. : 04 95 71 07 55.
  Corse Figari blanc 2014 : 25 €.

CÔTES-DE-PROVENCE

Couleur : blanc
Nom de région : Provence
Appellation : AOP côtes-de-provence
Cépages : rolle, clairette, grenache, roussanne, ugni blanc
Potentiel de garde : 3-4 ans
Température de service : 10 °C
L'œil : jaune pâle, lumineux, quelques reflets verts.
Le nez : notes de fleurs et de fruits blancs, de miel.
La bouche : élégance, rondeur, fraîcheur.
Mets et vins : poissons type rascasse, fenouil confit, tian de légumes, courgettes farcies à la ricotta, tarte aux tomates confites, aubergines et poivrons grillés, sardines farcies à la tomate et aux herbes, pissaladière.

- **Domaine du Jas d'Esclans,**
  83920 La Motte-en-Provence. Tél. : 04 98 10 29 29.
  Cuvée du Loup 2013 : 16,50 €.
- **Château Rasque,**
  83460 Taradeau. Tél. : 04 94 99 52 20.
  Blanc de blancs 2014 : 15,60 €.

GRAVES

Couleur : blanc
Nom de région : Bordelais
Appellation : AOP graves
Cépages : sémillon, sauvignon, muscadelle
Potentiel de garde : 4-5 ans
Température de service : 9-10 °C
L'œil : or vert, brillant.
Le nez : sec, aromatique, légèrement boisé.
La bouche : amandes grillées, agrumes (pamplemousse, citron).
Mets et vins : poissons blancs de mer, meunière ou en sauce, langoustines, homard.

Mon commentaire : *un des très beaux vins blancs de Bordeaux, merveilleusement maîtrisé par Denis Dubourdieu.*

- **Clos Floridène,**
  33410 Béguey. Tél. : 05 56 62 96 51.
  Millésime 2013 : 19,80 €.

LADOIX

Couleur : blanc
Nom de région : Bourgogne
Nom de sous-région : Côte de Beaune
Appellation : AOP ladoix premier cru
Cépage : chardonnay
Potentiel de garde : 4-5 ans
Température de service : 7-8 °C
L'œil : robe jaune pâle aux reflets verts, d'intensité moyenne.
Le nez : ouvert, fin, délicat et fruité. Un nez fringuant.
La bouche : amplitude en bouche moyenne, le boisé est fin. Belle longueur, finale légèrement grillée.
Mets et vins : merlan « en colère », sole meunière, fromages de chèvre mi-secs.

Mon commentaire : *voilà une appellation méconnue donnant des vins blancs vifs et délicats. Un chardonnay très agréable élaboré par l'un des maîtres de Ladoix.*

- **Domaine Chevalier Père et Fils,**
  21550 Ladoix-Serrigny. Tél. : 03 80 26 46 30.
  Ladoix premier cru Les Gréchons 2013 : 30 €.

MONTLOUIS

Couleur : blanc (demi-sec)
Nom de région : vallée de la Loire
Nom de sous-région : Touraine
Appellation : AOP montlouis
Cépage : chenin
Potentiel de garde : 10-15 ans
Température de service : 8-10 °C
L'œil : jaune or intense.
Le nez : arômes de fleurs blanches, de fruits blancs, d'amandes, d'ananas confit.
La bouche : vin ample, acidulé, persistant.
Mets et vins : asperges avec une sauce parfumée au zeste d'orange, poularde, ris de veau, foie gras.

- **Domaine François Chidaine,**
  37270 Montlouis-sur-Loire. Tél. : 02 47 45 19 14.
  Clos Habert 2014 : 17,80 €.

PESSAC-LÉOGNAN

Couleur : blanc
Nom de région : Bordelais
Nom de sous-région : Graves
Appellation : AOP pessac-léognan
Cépages : sauvignon, sémillon
Potentiel de garde : 2-5 ans
Température de service : 13 °C
L'œil : jaune doré brillant, presque blanc.
Le nez : complexe, il développe des arômes de pain grillé, de noisette et de fruits exotiques.
La bouche : onctuosité, complexité, fraîcheur et équilibre caractérisent ce vin.
Mets et vins : poissons, viandes blanches, veau, fromages.

- **Château de Fieuzal,**
  33850 Léognan. Tél. : 05 56 64 77 86.
  L'Abeille de Fieuzal 2010 : 24,50 €.

POUILLY-FUISSÉ

Couleur: blanc
Nom de région: Bourgogne
Nom de sous-région: Mâconnais
Appellation: AOP pouilly-fuissé
Cépage: chardonnay
Potentiel de garde: 5 ans
Température de service: 12-14 °C
L'œil: robe dorée.
Le nez: notes de fruits exotiques, de fruits blancs, légèrement boisées.
La bouche: ample, large, souple, minéralité discrète, charmeur, séveux, enveloppé.
Mets et vins: quenelles de brochet, volailles à la crème, chèvres mi-secs, poissons blancs (sandre ou poissons de mer).

- **Domaine Jacques et Nathalie Saumaize,**
  71960 Vergisson. Tél.: 03 85 35 82 14
  Pouilly-fuissé les vieilles vignes 2014 : 18 €;
  Les Courtelongs 2014 : 18 €.
- **Domaine Robert Denogent,**
  71960 Fuissé. Tél.: 03 85 35 65 39.
  Pouilly-fuissé Les Cras 2013 : 27 €.

SAUMUR

Couleur : blanc
Nom de région : vallée de la Loire
Nom de sous-région : Anjou-Saumur
Appellation : AOP saumur
Cépage : chenin
Potentiel de garde : 3-5 ans
Température de service : 8-9 °C.
L'œil : jaune paille, intense, lumineux, reflets verts.
Le nez : fin, notes de fruits blancs (poire), miel, notes boisées délicates.
La bouche : belle amplitude soulignée par une agréable franchise aromatique alliant notes florales et fruitées.
Mets et vins : sandre de Loire poché-beurre blanc, rilllons ou rillettes d'excellente qualité, ravioles au tourteau.

Mon commentaire : *une des appellations les plus prometteuses du Val de Loire. Ce vin se singularise par sa fraîcheur minérale légèrement crayeuse.*

- **Domaine du Collier,**
  49400 Chacé. Tél. : 02 41 52 69 22.
  Saumur blanc 2012 : 26 €.

VOUVRAY

Couleur : blanc (sec)
Nom de région : vallée de la Loire
Nom de sous-région : Touraine
Appellation : AOP Vouvray
Cépage : chenin blanc
Potentiel de garde : 12 ans
Température de service : 10-11 °C
L'œil : teinte pâle, avec des reflets verts.
Le nez : palette aromatique subtile de fleurs capiteuses, de poire et de miel.
La bouche : vin long en bouche.
Mets et vins : huîtres chaudes au citron confit, carpaccio de langoustine, poissons (bar grillé, turbot).

Mon commentaire : *un vin d'amateur que l'on peut garder. Un vin sec de classe, nerveux, droit, subtil, long en bouche.*

- **Domaine du Clos Naudin Philippe Foreau,**
  37210 Vouvray. Tél. : 02 47 52 71 46.
  Vouvray (sec) 2012 : 18 €.
- **Domaine Huet,**
  37210 Vouvray. Tél. 02 47 52 78 87.
  Le Mont 2014 : 22 €.

Les vins blancs liquoreux

JURANÇON

Couleur : blanc (liquoreux)
Nom de région : Sud-Ouest
Nom de sous-région : Pyrénées
Appellation : AOP jurançon
Cépages : gros manseng, petit manseng
Potentiel de garde : 10 ans
Température de service : 7-8 °C
L'œil : jaune d'or.
Le nez : arômes exotiques et truffés, riche et nerveux.
La bouche : douceur et délicatesse.
Mets et vins : salade de fruits exotiques, foie gras à l'ananas, gratin de pommes de terre à la truffe, tarte aux abricots caramélisés, glace à la mangue.

Mon commentaire : *un vin blanc moelleux aromatique d'exception.*

- **Domaine de Souch,**
  64110 Laroin. Tél. : 05 59 06 27 22.
  Cuvée Marie Kattalin 2012 : 35 €.
- **Domaine Camin Larredya,**
  64110 Jurançon. Tél. : 05 59 21 74 42.
  Au Capcèu 2013 : 23,50 €.

Les vins rosés

CÔTES-DE-PROVENCE

Couleur : rosé
Nom de région : Provence
Appellation : AOP côtes-de-provence
Cépages : grenache, cinsault, cabernet
Potentiel de garde : 1-2 ans
Température de service : 10-12 °C
L'œil : robe limpide et fluide.
Le nez : fruité, intense ou discret.
La bouche : vin sec rond, structuré, frais.
Mets et vins : apéritif, charcuterie, poissons, desserts (fraises), cuisines méditerranéenne et exotique.

- **Domaine Sainte-Roseline,**
  83460 Les Arcs. Tél. : 04 94 99 50 30.
  Le Prieuré de Sainte-Roseline 2014 : 16,50 €.

BAROLO

Couleur : rouge
Nom de région : Italie (Piémont)
Cépage : nebbiolo
Potentiel de garde : 10-20 ans
Température de service : 15 °C

L'œil : robe rouge grenat limpide et brillante, dense.
Le nez : fin, puissant, à dominante de cerise noire, de truffe et de roses fanées. Un nez très singulier, profond à l'aération, rappelant le cacao et les épices.
La bouche : très structurée, très forte amplitude, masquée par une forte présence des tanins.
Mets et vins : civet de lapin, pâtes aux truffes.

Mon commentaire : *un grand vin rouge italien de garde.*

- **Roagna,**
  12050 Barbaresco. Italie.
  Tél. : 00 39 0 173 635 109.
  www.roagna.com

CASTILLON-CÔTES-DE-BORDEAUX

Couleur : rouge
Nom de région : Bordelais
Nom de sous-région : Libournais
Appellation : AOP castillon-côtes-de-bordeaux
Cépages : merlot, cabernet franc
Potentiel de garde : 5-8 ans
Température de service : 17 °C
L'œil : robe rouge soutenue et profonde.
Le nez : bouquet expressif, avec des parfums marqués de fruits rouges et des notes de noyau.
La bouche : un vin élégant et charpenté, avec des tanins présents.
Mets et vins : viande rouge, gibier, saint-nectaire.

- **Domaine de l'A,**
  33350 Sainte-Colombe. Tél. : 05 57 24 60 29.
  Côtes-de-castillon 2012 : 22 €.

CHINON

Couleur : rouge
Nom de région : vallée de la Loire
Nom de sous-région : Touraine
Appellation : AOP chinon
Cépage : cabernet franc
Potentiel de garde : 4-5 ans
Température de service : 17 °C
L'œil : robe rouge cerise, dense et très profonde.
Le nez : ouvert, expressif, rappelant des petits fruits rouges, légèrement acidulé, avec des notes de cassis.
La bouche : svelte, avec des tanins présents mais discrets. L'acidité souligne le bouquet de fruits rouges. Une rétro-olfaction à la fois épicée et de fruits rouges.
Mets et vins : grillade de côtes d'agneau, sandre au vin rouge, chèvre semi-sec, anguille au vin rouge.

Mon commentaire : *un chinon digne de Rabelais.*

- **Domaine Philippe Alliet,**
  37500 Cravant-les-Côteaux. Tél. : 02 47 93 17 62.
  Coteau de Noiré 2013 : 20 €.

CROZES-HERMITAGE

Couleur : rouge
Nom de région : vallée du Rhône
Nom de sous-région : septentrionale
Appellation : AOP crozes-hermitage
Cépage : syrah
Potentiel de garde : 3-4 ans
Température de service : 17 °C
L'œil : robe rouge cerise lumineux, éclatant, belle brillance.
Le nez : ouvert, friand, flatteur, aux notes de fruits noirs. Le boisé n'est pas trop marqué.
La bouche : de belle amplitude, suave et souple, longueur moyenne, rétro-olfaction fruitée.
Mets et vins : canard, petits pigeons, côtelettes d'agneau, saint-marcellin affiné.

Mon commentaire : *vin rouge plaisant, sans concession.*

- **Domaine Emmanuel Darnaud,**
  26600 La Roche-de-Glun. Tél. : 04 75 84 81 64.
  Les Trois Chênes 2013 : 19 €.

FAUGÈRES

Couleur : rouge
Nom de région : Languedoc
Appellation : AOP faugères
Cépages : syrah, grenache, carignan
Potentiel de garde : 5 ans
Température de service : 17 °C
L'œil : robe rouge grenat, intense, opaque, très concentrée.
Le nez : dense, concentré, très marqué par les fruits noirs, boisé, épicé, fin mais resserré, discret.
La bouche : ample à l'attaque, très vite structurée par les tanins, fins mais fermes. Belle longueur.
Mets et vins : agneau de sept heures, canard aux olives, lotte à la vigneronne, cassoulet, daube de bœuf, rouget grillé en escabèche.

Mon conseil : *à carafer deux heures avant de servir.*

- **Domaine Léon Barral,**
  34480 Cabrerolles. Tél. : 04 67 90 29 13.
  Faugères cuvée Jadis 2012 : 25 €.

MARGAUX

Couleur : rouge
Nom de région : Bordelais
Nom de sous-région : Haut-Médoc
Appellation : AOP margaux
Cépages : cabernet sauvignon, merlot, cabernet franc
Potentiel de garde : 3-5 ans
Température de service : 16-18 °C
L'œil : la robe est intense, rubis opaque.
Le nez : expressif sur les fruits rouges, le boisé est discret.
La bouche : amplitude moyenne, l'ensemble est équilibré, franc et se révélera rapidement.
Mets et vins : lamproie à la bordelaise.

Mon commentaire : *il s'agit du second vin du château Cantenac-Brown élaboré depuis 2003. Par le travail de son régisseur, José Sanfins, c'est l'une des valeurs sûres dans sa catégorie en termes de rapport qualité-prix. D'ailleurs, ne manquez pas le 2006, LA réussite !*

- **Château Cantenac-Brown,**
  33460 Cantenac. Tél. : 05 57 88 81 81.
  Brio de Cantenac 2012 : 26 €.

MERCUREY

Couleur : rouge
Nom de région : Bourgogne
Nom de sous-région : Côte chalonnaise
Appellation : AOC mercurey
Cépage : pinot noir
Potentiel de garde : 3-6 ans
Température de service : 14-15 °C
L'œil : robe rouge profond et sombre, avec des nuances violacées et grenat.
Le nez : arômes de fruits rouges (framboise, cerise).
La bouche : vin avec de la mâche et des tanins présents.
Mets et vins : bœuf bourguignon, fromages.

- **Domaine Bruno Lorenzon,**
  71640 Mercurey. Tél. : 03 85 45 13 51.
  Mercurey Le Chapitre 2012 : 25 €.

SAINT-JOSEPH

Couleur : rouge
Nom de région : vallée du Rhône
Nom de sous-région : septentrionale
Appellation : AOP saint-joseph
Cépage : syrah
Potentiel de garde : 3-4 ans
Température de service : 17 °C
L'œil : robe rouge cerise profond très intense, belle finesse, complet, dense.
Le nez : un vin expressif aux notes de fruits noirs, notes boisées discrètes ; assez facile.
La bouche : belle amplitude, assez souple.
Mets et vins : grillades d'agneau, coq au vin, viande de bœuf grillée, pâtes à la sauce tomate, saint-marcellin.

- **Domaine André Perret,**
  42410 Chavanay. Tél. : 04 74 87 24 74.
  Saint-joseph 2013 : 14 € ;
  saint-joseph Les Grisières 2013 : 19 €.
- **Domaine Jean-Louis Chave,**
  07300 Mauves. Tél. : 04 75 08 24 63.
  Saint-joseph 2012 : 48 €.

SANCERRE

Couleur : rouge
Nom de région : vallée de la Loire
Nom de sous-région : Centre
Appellation : AOP sancerre
Cépage : pinot noir
Potentiel de garde : 4-5 ans
Température de service : 14-15 °C
L'œil : robe rouge intense aux reflets roses.
Le nez : notes de fruits rouges caramélisés et de pétales de rose.
La bouche : ronde et fruitée, attaque franche, soutenue par des tanins soyeux et puissants.
Mets et vins : volaille, fromages (crottin de Chavignol), viande rouge.

- **Domaine Vacheron,**
  18300 Sancerre. Tél. : 02 48 54 09 93.
  Sancerre 2013 : 26 €.
- **Domaine Vincent Pinard,**
  18300 Bué. Tél. : 02 48 54 33 89.
  Sancerre 2014 : 17 €.

SANTENAY

Couleur: rouge
Nom de région: Bourgogne
Nom de sous-région: Côte de Beaune
Appellation: AOP santenay premier cru
Cépage: pinot noir
Potentiel de garde: 5-10 ans
Température de service: 14 °C
L'œil: vin rouge, tirant vers le noir.
Le nez: arômes de petits fruits rouges, avec des nuances de violette et d'épices.
La bouche: vin suave, rond, charpenté.
Mets et vins: coq au vin, fromages, bœuf bourguignon, gibelotte de lapin.

Mon conseil: *un vin de garde qui peut être carafé.*

- **Domaine Anne-Marie et Jean-Marc Vincent,** 21590 Santenay. Tél.: 03 80 20 67 37.
  Santenay premier cru Le Beaurepaire 2013 : 22,10 €.

VACQUEYRAS

Couleur : rouge
Nom de région : vallée du Rhône
Nom de sous-région : méridionale
Appellation : AOP vacqueyras
Cépages : grenache, syrah, cinsault, mourvèdre
Potentiel de garde : 4-8 ans
Température de service : 17 °C
L'œil : rubis intense brillant.
Le nez : fruité, acidulé, notes épicées, fraîcheur aromatique grâce à une bonne acidité.
La bouche : riche et svelte, puissant sans trop de lourdeur, long en bouche.
Mets et vins : risottos, viandes rouges, gibiers.

Mon commentaire : *un vins puissant et élégant pour découvrir le sud de la vallée du Rhône.*

- **Château des Tours,**
  84260 Sarrians. Tél. : 04 90 65 41 75.
  Vacqueyras 2008 : 40 €.

Les vins doux naturels

MAURY

Couleur : rouge
Nom de région : Roussillon
Appellation : AOP maury
Cépage : grenache noir
Potentiel de garde : 10 ans
Température de service : 12-14 °C
L'œil : rouge rubis, dense et profond.
Le nez : intense, avec des notes de griotte, de mûre et de baies rouges.
La bouche : chaleureux, onctueux, charpenté.
Mets et vins : coulant au chocolat noir, glace à la pistache, foie gras aux griottes, tarte aux myrtilles avec une crème Chantilly parsemée de chocolat noir.

- **Domaine Pouderoux,**
  66550 Corneilla-la-Rivière. Tél. : 04 68 57 22 02.
  Vendange mise tardive 2009 : 19 €.

CHAMPAGNE BLANC DE BLANCS

Couleur : blanc de blancs
Nom de région : Champagne
Appellation : AOP champagne
Cépage : chardonnay
Potentiel de garde : 5-10 ans
Température de service : 8-9 °C
Mets et vins : apéritif, crustacés, poissons de rivière, coquilles Saint-Jacques.

Mon commentaire : *délicat, élégant, avec de la souplesse.*

- **Champagne Pierre Peters,**
  51190 Le Mesnil-sur-Oger. Tél. : 03 26 57 50 32.
  Extra brut grand cru blanc de blancs : 35 €.
- **Champagne Diebolt-Vallois,**
  51530 Cramant. Tél. : 03 26 57 54 92.
  Brut blanc de blancs prestige : 33 €.
- **Champagne Palmer,**
  51100 Reims. Tél. : 03 26 07 35 07.
  Blanc de blancs 2008 : 36 €.

CHAMPAGNE

Couleur : blanc
Nom de région : Champagne
Appellation : AOP champagne
Cépages : pinot noir, chardonnay
Potentiel de garde : 5-10 ans
Température de service : 8-9 °C
L'œil : reflets dorés intenses, bulles vives et fines.
Le nez : complexe, fin. Notes de poire rôtie, de biscuit, de brioche, de pain grillé, d'iris, de poivre blanc.
La bouche : ample, charnue, fraîcheur persistante et délicate. Belle harmonie entre la rondeur et la vivacité. Finale minérale.
Mets et vins : apéritif, viandes blanches, ris de veau, suprême de volaille aux petits légumes, homard.

Mon conseil : *son intensité et sa structure lui permettent d'être servi à table, sur des mets délicats.*

- **Champagne Vilmart et Cie,**
  51500 Rilly-La-Montagne. Tél. : 03 26 03 40 01.
  Brut Grande Réserve : 27 €.

CHAMPAGNE ROSÉ

Couleur : rosé
Nom de région : Champagne
Appellation : AOP champagne
Cépages : pinot meunier, pinot noir, chardonnay
Potentiel de garde : 5 ans
Température de service : 8 °C
L'œil : robe rosée, brillante, limpide, éclatante.
Le nez : fruits rouges acidulés, légèrement épicés.
La bouche : fruitée, gourmande et fraîche.
Mets et vins : apéritif, viande rouge, saumon, crustacés sauce coraillée, salade de fruits acidulées (éviter les fruits trop sucrés).

- **Champagne Laherte frères,**
  51530 Chavot. Tél. : 03 26 54 32 09.
  Brut rosé : 27 €.

Troisième partie

•

Les 30 vins pour les amateurs éclairés

Ces 30 vins sont pour la plupart des vins de garde. La diversité des appellations demande davantage de connaissances.
Avec ces 30 vins, la cave devient une véritable source de plaisir.

Caractéristiques des 30 vins de l'amateur éclairé :

Prix : entre 16,60 et 125 €.

Potentiel de garde : 5 ans et plus.

N.B. : Le prix indiqué pour chaque bouteille est soit un prix observé chez les cavistes, soit un prix propriété. Il peut varier selon le lieu d'achat et selon les millésimes.

Les vins blancs

CHÂTEAUNEUF-DU-PAPE

Couleur : blanc
Nom de région : vallée du Rhône
Nom de sous-région : méridionale
Appellation : AOP châteauneuf-du-pape
Cépages : clairette, roussanne.
Potentiel de garde : 5-10 ans
Température de service : 14 °C
L'œil : or pâle, soutenu, intense.
Le nez : fin, expressif, floral, miel, fruits blancs, pointe de minéralité, raffiné.
La bouche : ample, sans mollesse, légèrement acidulée, longue, concentrée.
Mets et vins : œufs brouillés aux truffes, poissons, crustacés, plats de champignons, terrines chaudes.

Mon conseil : *acquiert des notes minérales en vieillissant, connaît une phase de fermeture après un à deux ans et s'ouvre à nouveau après quatre à cinq ans.*

- **Domaine du Vieux Donjon,**
  84230 Châteauneuf-du-Pape. Tél. 04 90 83 70 03.
  Châteauneuf-du-pape blanc 2013 : 23 €.

CONDRIEU

Couleur : blanc
Nom de région : vallée du Rhône
Nom de sous-région : septentrionale
Appellation : AOP condrieu
Cépage : viognier
Potentiel de garde : 5 ans
Température de service : 12-14 °C
L'oeil : robe jaune pâle, reflets dorés ou verts.
Le nez : explosion fruitée (abricot, amande amère, citron, noisette), notes de miel et de fleurs. Pointe iodée.
La bouche : aromatique, riche, ample, sec et tendre aux notes de violette et de confiture d'abricots rappelant le muscat.
Mets et vins : asperges, poularde, quenelles sauce Nantua.

Mon commentaire : *c'est un vin singulier et unique.*

- **Domaine Georges Vernay,**
  69420 Condrieu. Tél. : 04 74 56 81 81.
  Condrieu Les Terrasses de l'Empire 2013 : 45 €.
- **Domaine François Merlin,**
  42410 Saint-Michel-sur-Rhône. Tél. : 04 74 56 61 90.
  Condrieu Jeanraude 2013 : 38 €.

CÔTES-CATALANES

Couleur : blanc
Nom de région : Roussillon
Appellation : IGP côtes-catalanes
Cépage : maccabeu
Potentiel de garde : 3-4 ans
Température de service : 11-12 °C
L'œil : robe pâle.
Le nez : fruits, amandes, verveine, menthe. Aucune trace d'oxydation.
La bouche : ronde, souple, tendue. Belle longueur.
Mets et vins : poissons de mer grillés : bar, rougets.
Mon commentaire : *un des meilleurs blancs de la région issu d'un vignoble d'altitude.*

- **Domaine Le Roc des Anges,**
  66720 Latour de France. Tél. : 04 68 29 16 62.
  L'Oca 2014 : 35 €

CÔTES-DU-JURA

Couleur: blanc
Nom de région: Jura
Appellation: AOP arbois
Cépage: savagnin
Potentiel de garde: 10 ans
Température de service: 14-15 °C
L'œil : robe très pâle.
Le nez : notes florales, minérales, de fenouil sauvage, de tubéreux.
La bouche : vin carré avec une acidité franche, salivante, saline qui donne du relief.
Mets et vins: rémoulade de céleri au haddock, céleri au gros sel, veau au fenouil confit.

Mon conseil : *un savagnin ouillé c'est-à-dire élaboré comme un vin blanc classique. à la différence des vins jaunes, la barrique est toujours maintenue pleine. Ce vin issu du même terroir que le château-chalon est d'une grande pureté. C'est un blanc qui s'accorde avec les plats de légumes, surtout les légumes racines.*

- **Domaine François Rousset-Martin,**
  39210 Nevy-sur-Seille. Tél.: 03 84 25 95 12.
  La veine bleue de Bacchus 2013 : 26 €.

MEURSAULT

Couleur : blanc
Nom de région : Bourgogne
Nom de sous-région : côte de Beaune
Appellations : AOP meursault, AOP meursault premier cru
Cépage : chardonnay
Potentiel de garde : 5-10 ans
Température de service : 12-14 °C
La bouche : rond, à tendance légèrement beurrée et noisettée.
Mets et vins : plats goûteux, cuisinés, comme le ris de veau et les fromages forts en goût.

Mon commentaire : *un vin riche, ample, aux notes de fruits mûrs.*

- **Domaine Michel Bouzereau et fils,**
  21190 Meursault. Tél.: 03 80 21 20 74.
  Meursault Les Grands Charrons 2011 : 35 €.
- **Domaine Roulot,**
  21190 Meursault. Tél.: 03 80 21 21 65.
- **Domaine Ballot Millot et fils,**
  21190 Meusault. Tél.: 03 80 21 21 39.
  Meursault premier cru Genevrières 2013 : 42 €.

PULIGNY-MONTRACHET

Couleur : blanc
Nom de région : Bourgogne
Nom de sous-région : Côte de Beaune
Appellation : AOP puligny-montrachet
Cépage : chardonnay
Potentiel de garde : 5 ans
Température de service : 12-14 °C
L'oeil : reflets dorés, brillant.
Le nez : notes d'amandes, d'aubépine, touches de miel, minéralité.
La bouche : ample, notes de fruits mûrs, quelques touches aromatiques boisées.
Mets et vins : poissons nobles comme le turbot, le bar, la sole ou les langoustines.

Mon commentaire : *un vin riche, concentré et raffiné.*

- **Domaine François Carillon,**
  21190 Puligny-Montrachet. Tél. : 03 80 21 00 80.
  Puligny-Montrachet 2012 : 39 €.
- **Domaine Jean-Marc Boillot,**
  21630 Pommard. Tél. : 03 80 22 71 29.
  Puligny-montrachet 2013 : 48 €.

SAINT-AUBIN

Couleur : blanc
Nom de région : Bourgogne
Nom de sous-région : Côte de Beaune
Appellation : AOP saint-aubin premier cru
Cépage : chardonnay
Potentiel de garde : 5 ans
Température de service : 12-14 °C
L'œil : jaune or pâle, reflets verts.
Le nez : floral, minéral, pointe de fruits mûrs.
La bouche : rondeur à l'attaque puis élancé, vivacité avec une bonne longueur.
Mets et vins : apéritif, jambon persillé, truite, saumon, écrevisses.

Mon commentaire : *un premier cru bien situé juste au-dessus de Montrachet. Une jolie finale fine et minérale.*

- **Domaine Marc Colin et fils,**
  21190 Saint-Aubin. Tél. : 03 80 21 30 43.
  Saint-aubin premier cru En Remilly 2013 : 30 €.

SAUMUR

Couleur : blanc
Nom de région : vallée de la Loire
Nom de sous-région : Saumurois
Appellation : AOP saumur
Cépage : chenin
Potentiel de garde : 4-5 ans
Température de service : 10-11 °C
L'œil : robe jaune or pâle brillant, limpide, éclatant, de densité moyenne.
Le nez : discret, minéral, mellifère, floral blanc, avec beaucoup de vigueur et de discrétion. Quelques touches boisées suggérées.
La bouche : amplitude moyenne en attaque, milieu de bouche concentré avec du relief, de la discrétion et de l'élégance et une belle longueur.
Mets et vins : poissons de Loire, asperges blanches, chèvre mi-sec.

- **Domaine du Collier,**
  49400 Chacé. Tél. : 02 41 52 69 22.
  Saumur La Charpentrie 2011 : 38 €.
- **Domaine des Roches Neuves,**
  49400 Varrains. Tél. : 02 41 52 94 02.
  Saumur Insolite 2014 : 19,50 €.

SAVENNIÈRES

Couleur : blanc
Nom de région : vallée de la Loire
Nom de sous-région : Anjou
Appellation : AOP savennières
Cépage : chenin
Potentiel de garde : 8-10 ans
Température de service : 10-12 °C
L'oeil : jaune pâle, reflets or plus ou moins intenses.
Le nez : notes de fleurs d'acacia, plantes à tisanes comme le tilleul, suivies de notes de fruits mûrs ou secs.
La bouche : vin blanc riche et sec aux arômes de fruits blancs, miellé, rappelant la pomme compotée, le coing, les fleurs blanches.
Mets et vins : poissons de la Loire, ris de veau, volaille rôtie, toutes les charcuteries fines.

Mon commentaire : *grande capacité de vieillissement.*

- **Domaine Thibaud Boudignon,**
  49170 Savennières. Tél. : 06 63 41 65 87.
  Savennières Les Fougeraies 2013 : 36 €.
- **Château Soucherie,**
  49750 Beaulieu-sur-Layon. Tél. : 02 41 78 31 18.
  Savennières Clos des Perrières 2010 : 23 €.

VOUVRAY

Couleur : blanc
Nom de région : vallée de la Loire
Nom de sous-région : Touraine
Appellation : AOP vouvray
Cépage : chenin
Potentiel de garde : 5-10 ans
Température de service : 10-11 °C
Le nez : délicat, notes de fleurs blanches et de miel.
La bouche : nerveux, long en bouche, très droit. En demi-sec, il a des notes qui rappellent le coing et la nèfle.
Mets et vins : poissons de Loire, huîtres pochées en gelée de pomme. En demi-sec avec du foie gras à la compote de coings, en moelleux avec du baba à l'ananas.

Mon commentaire : *Philippe Foreau élabore des vins secs, demi-secs et moelleux d'une régularité exemplaire.*

- **Domaine du Clos Naudin,**
  37210 Vouvray. Tél. : 02 47 52 71 46.
  Vouvray sec 2012 : 18 € ;
  vouvray demi-sec 2015 : 23 € ;
  vouvray moelleux 2009 : 32 €.

Les vins blancs liquoreux

BARSAC

Couleur : blanc (liquoreux)
Nom de région : Bordelais
Nom de sous-région : Garonne rive gauche
Appellation : AOP barsac
Cépage : sémillon
Potentiel de garde : 10-50 ans
Température de service : 12 °C
L'œil : robe jaune or.
Le nez : légèrement boisé.
La bouche : riche, onctueuse, généreuse.
Mets et vins : foie gras, poissons, viande blanche à la crème, roquefort.

- **Château Climens,**
  33720 Barsac. Tél. : 05 56 27 15 33.
  Les Cyprès de Climens 2010 : 32 €.

SAUTERNES

Couleur : blanc (liquoreux)
Nom de région : Bordelais
Nom de sous-région : Garonne rive gauche
Appellation : AOP sauternes
Cépages : sémillon, sauvignon
Potentiel de garde : 10-50 ans
Température de service : 8-9 °C
L'œil : robe couleur vieil or, puis or ambré.
Le nez : arômes rappelant l'amande, les agrumes, le coing, l'ananas, l'abricot, la pêche. Très aromatique, le sauternes est l'un des vins les plus complexes de France.
La bouche : ample, grasse, onctueuse et puissante.
Mets et vins : foie gras poêlé, viandes blanches à la crème, roquefort, desserts aux fruits.

- **Château de Fargues,**
  33210 Fargues-de-Lagon. Tél. : 05 57 98 04 20.
  Sauternes 2011 : 125 €.

TOKAJI 5 PUTTONYOS

Couleur : blanc
Nom de région : Tokaji (Hongrie)
Cépages : furmint, harslevelu, muscat
Potentiel de garde : 20 ans
Température de service : 8 °C
L'œil : robe jaune or topaze profond, intense, lumineux.
Le nez : riche, opulent, rappelant l'abricot confit, le coing et le miel. Très grande richesse.
La bouche : d'une densité exceptionnelle, mêlant richesse, douceur et finesse. Très grande longueur.
Mets et vins : blanc-manger aux abricots, foie gras poêlé à l'aigre-doux, soufflé au nougat.

Mon commentaire : *le vin liquoreux le plus excitant de ces vingt dernières années. Une porte ouverte sur l'histoire viticole de l'Europe centrale. Le nombre de puttonyos indique le degré de sucrosité du vin. L'échelle va de 3 à 6.*

- **Samuel Tinon, contact en France :**
  DHV, 33 650 Martillac. Tél. : 06 07 82 91 13.
  Tokaji aszù 5 puttonyos 2004 (50 cl) : 45 € ; Disznoko Tokaji aszù 6 puttonyos 1999 (50 cl) : 49,95 €.

Les vins rouges

BANDOL

Couleur : rouge
Nom de région : Provence
Appellation : AOP bandol
Cépages : mourvèdre, grenache, cinsault
Potentiel de garde : 5-10 ans
Température de service : 17-18 °C
L'œil : une robe cerise noire, complète et généreuse.
Le nez : arômes de fruits noirs, de laurier, de sauge, de vanille et de réglisse. Notes boisées.
La bouche : très concentrée. Persistance. Rétro-olfaction épicée.
Mets et vins : gigot d'agneau, daube, pied de veau, gibier (lièvre), petits farcis niçois.

Mon conseil : *un vin profond, dense, épicé, rappelant la garrigue. Il mérite de vieillir. À carafer.*

- **Domaine de la Bégude,**
  83330 Le Camp-du-Castellet. Tél. : 04 42 08 92 34.
  Bandol 2012 : 24 €.
- **Domaine Tempier,**
  83330 Le Castellet. Tél. : 04 94 98 70 21.
  Bandol 2013 : 27 €.

CAHORS

Couleur : rouge
Nom de région : Sud-Ouest
Nom de sous-région : Quercy
Appellation : AOP cahors
Cépage : malbec
Potentiel de garde : 10 ans
Température de service : 18 °C
L'œil : robe rouge cerise, profonde et intense.
Le nez : rappelle les fruits noirs avec des notes boisées et de violette. C'est un vin complet, relativement serré.
La bouche : ample, avec des tanins structurés et une acidité discrète. Très belle longueur.
Mets et vins : viandes en sauce, plats truffés, poularde rôtie au four aux pommes de terre.

Mon conseil : *un vin qui mêle finesse et personnalité. À carafer.*

- **Château du Cèdre,**
  46700 Vire-sur-Lot. Tél. : 05 65 36 53 87.
  Le Cèdre 2012 : 33 €.
- **Domaine Cosse-Maisonneuve,**
  46700 Lacapelle-Cabanac. Tél. : 06 78 79 57 10.
  Les Laquets 2010 : 28 €.

CHÂTEAUNEUF-DU-PAPE

Couleur : rouge
Nom de région : vallée du Rhône
Nom de sous-région : méridionale
Appellation : AOP châteauneuf-du-pape
Cépages : grenache, syrah, mourvèdre
Potentiel de garde : 8-10 ans
Température de service : 17 °C
L'œil : robe rubis dense, intense, légèrement mate.
Le nez : rappelle la prune, la figue, les épices, les fruits compotés. Beaucoup de richesse.
La bouche : de structure sphérique, ronde, généreuse, très ample, de belle longueur en fin de bouche. Boisé discret.
Mets et vins : gibier, viandes en sauce, plats à base de truffe.

Mon conseil : *peut être carafé. Belle capacité de garde.*

- **Domaine Pierre André,**
  84350 Courthezon. Tél. : 04 90 70 81 14.
  Châteauneuf-du-pape 2013 : 27 €.
- **Domaine Saint-Préfert,**
  84230 Châteauneuf-du-Pape. Tél. : 04 90 83 75 03.
  Châteauneuf-du-pape 2013 : 23 €.

CÔTE-RÔTIE

Couleur : rouge
Nom de région : vallée du Rhône
Nom de sous-région : septentrionale
Appellation : AOP côte-rôtie
Cépage : syrah
Potentiel de garde : 10 ans
Température de service : 17 °C
L'œil : robe rouge intense.
Le nez : vin aux arômes de fruits noirs (myrtille et mûre) et aux notes épicées, poivrées, mentholées.
La bouche : structurée, très fine, tanins marqués, long.
Mets et vins : gibiers à plumes (faisan, canard) et viandes rouges, beaufort, saint-nectaire.

- **Domaine Jamet,**
  69420 Ampuis. Tél. : 04 74 56 12 57.
  Côte-rôtie 2012 : 65 €.
- **Domaine Duclaux,**
  69420 Tupin-et-Semons. Tél. : 04 74 59 56 30.
  Côte-rôtie Maison Rouge 2012 : 48 €.
- **Domaine Georges Vernay,**
  69 420 Condrieu. Tél. : 04 74 56 81 81.
  Côte-rôtie La Blonde du seigneur 2012 : 45 €.

HAUT-MÉDOC

Couleur : rouge
Nom de région : Bordelais
Nom de sous-région : Médoc
Appellation : AOP haut-médoc
Cépages : cabernet sauvignon, cabernet franc, merlot
Potentiel de garde : 10-15 ans
Température de service : 17-18 °C
L'œil : robe rubis, avec quelques nuances pourpres.
Le nez : grande variété d'arômes (fruits rouges cuits, épices).
La bouche : fruitée, bon équilibre, finale longue, générosité.
Mets et vins : foie gras chaud, viandes rouges ou blanches, fromages.

- **Château Sociando-Mallet,**
  33180 Saint-Seurin-de-Cadourne.
  Tél. : 05 56 73 38 80.
  Millésime 2012 : 24 €.

HERMITAGE

Couleur : rouge
Nom de région : vallée du Rhône
Nom de sous-région : septentrionale
Appellation : AOP hermitage
Cépage : syrah
Potentiel de garde : 10 ans
Température de service : 18 °C
L'œil : robe rouge sombre profonde, brillante.
Le nez : concentré, élégant, avec des notes fruitées, boisées, rappelant le cassis bien mûr, et légèrement mentholé. Beaucoup de finesse.
La bouche : ample, construit, avec des tanins présents et raffinés. Rétro-olfaction sur fruits rouges.
Mets et vins : canard, gibier, plats aux champignons et fromages à pâte lavée type saint-nectaire.

Mon conseil : *un grand vin de la vallée du Rhône. Issu de vignes de 80 ans. Doit impérativement être carafé trois heures avant le service.*

- **Domaine Bernard Faurie,**
  07300 Tournon-sur-Rhône. Tél. : 04 75 08 55 09.
  Hermitage Greffieux/Bessards 2013 : 54 €.

LANGUEDOC

Couleur : rouge
Nom de région : Languedoc
Appellation : AOP languedoc-montpeyroux
Cépages : syrah, carignan, mourvèdre, grenache, cinsault
Potentiel de garde : 5-10 ans
Température de service : 17 °C
L'œil : robe rouge grenat, intense, opaque, très concentrée.
Le nez : dense, notes de fruits noirs, épices, réglisse.
La bouche : ample à l'attaque, très vite structurée par les tanins fermes mais fins et élégants. Mélange de puissance et de douceur. Notes épicées. Belle longueur.
Mets et vins : cassoulet, viandes en cocotte, agneau grillé, filets de rougets à la tapenade, aiguillettes de canard.

Mon commentaire : *l'un des plus beaux terroirs du Languedoc.*

- **Domaine L'Aiguelière,**
  34150 Montpeyroux. Tél. : 04 67 96 61 43.
  Côte Rousse 2010 : 19,50 €.
- **Domaine d'Aupilhac,**
  34150 Montpeyroux. Tél. : 04 67 96 61 19.
  Les Cocalières 2013 : 16,60 €.

MARGAUX

Couleur : rouge
Nom de région : Bordelais
Nom de sous-région : Médoc
Appellation : AOP margaux
Cépages : cabernet sauvignon, merlot, cabernet franc, petit verdot
Potentiel de garde : 10-20 ans
Température de service : 17-18 °C
L'œil : robe rouge intense qui se maintient longtemps au vieillissement.
Le nez : la vivacité et l'élégance caractérisent ce vin, dont la palette est exceptionnellement large et complexe.
La bouche : riche, ample et bien charpentée.
Mets et vins : viandes rouges, volaille, gibier, fromages.

- **Château Cantenac-Brown,**
  33460 Cantenac. Tél. : 05 57 88 81 81.
  Margaux 2012 : 31 € ; Margaux 2013 : 33 €.
- **Château Boyd-Cantenac,**
  33460 Cantenac. Tél. : 05 57 88 90 82.
  Margaux 2012 : 44 € ; Margaux 2013 : 38,50 €.
- **Château Rauzan-Ségla,**
  33460 Margaux. Tél. : 05 57 88 82 10.
  Margaux 2012 : 47 € ; Margaux 2013 : 46 €.

MOREY-SAINT-DENIS

Couleur : rouge
Nom de région : Bourgogne
Nom de sous-région : Côte de Nuits
Appellation : AOP morey-saint-denis premier cru
Cépage : pinot noir
Potentiel de garde : 8-10 ans
Température de service : 16-18 °C
L'œil : rouge cerise intense et lumineux
Le nez : très fin, subtil, le fruité est sublime.
La bouche : ample, longue, les tanins sont d'un toucher très beau, présents et frais. La fin de bouche est élégante avec beaucoup de sensualité.
Mets et vins : canard colvert rôti au sang, carré de côte de veau de lait au jus.

Mon commentaire : *Bertille, Cyprien et Romain Arlaud montrent leur maîtrise de l'extraction des tanins avec des vins d'un style élégant et pur*

- **Domaine Arlaud,**
  21220 Morey-Saint-Denis. Tél. : 03 80 34 32 65.
  Morey-Saint-Denis premier cru Aux Cheseaux 2013 : 55 €.

PAULLAC

Couleur : rouge
Nom de région : Bordelais
Nom de sous-région : Médoc
Appellation : AOP pauillac
Cépages : cabernet sauvignon, merlot, cabernet franc
Potentiel de garde : 10-15 ans.
Température de service : 18-20 °C
L'œil : grenat profond.
Le nez : puissant, concentré, élégant, séveux.
La bouche : équilibre, profondeur, structure. Tanins présents mais mûrs.
Mets et vins : agneau, bœuf, cèpes, coq au vin.

Mon commentaire : *un endroit d'excellence pour le cabernet sauvignon. Il révèle toute sa puissance sur les sols de Pauillac, se montrant toujours structuré, mais aussi séveux, intense, concentré et capable de vieillir avec classe.*

- **Château Grand Puy Lacoste,**
  33250 Pauillac. Tél. : 05 56 59 06 66.
  Pauillac 2012 : 50 €.
- **Château Batailley,**
  33300 Bordeaux. Tél. : 05 56 00 00 70.
  Pauillac 2012 : 31 € ; pauillac 2013 : 43 €.

PESSAC-LÉOGNAN

Couleur : rouge
Nom de région : Bordelais
Appellation : AOP pessac-léognan
Nom de sous-région : Graves
Cépages : cabernet sauvignon, cabernet franc, merlot
Potentiel de garde : 4-5 ans
Température de service : 17 °C
L'œil : rouge profond à reflets violets.
Le nez : épicé, légèrement vanillé, avec des notes de fruits rouges mûrs.
La bouche : équilibrée, élégante, raffinée.
Mets et vins : charcuterie, gibiers à plumes, champignons, viandes rouges.

- **Domaine de Chevalier,**
  33850 Léognan. Tél. : 05 56 64 16 16.
  Pessac-léognan 2012 : 48 €.
- **Château Haut-Bailly,**
  33 850 Léognan. 05 56 64 75 11.
  Pessac-léognan 2012 : 70 €.
- **Château Les Carmes-Haut-Brion,**
  33000 Bordeaux. Tél. : 05 56 93 23 40.
  Pessac-léognan 2012 : 46,50 €.

POMMARD

Couleur : rouge
Nom de région : Bourgogne
Nom de sous-région : Côte de Beaune
Appellation : AOP pommard premier cru
Cépage : pinot noir
Potentiel de garde : 5-10 ans
Température de service : 14-15 °C
L'œil : robe rouge profond.
Le nez : arômes de myrtille et mûre, notes poivrées à maturité.
La bouche : structure tendre, caractère charnu, puissance.
Mets et vins : entrecôte vigneronne, gibier, fromages.

Mon conseil : *ce vin a une capacité de vieillissement de 5 à 10 ans, voire encore davantage les grandes années.*

- **Domaine Jean-Marc Boillot,**
  21630 Pommard. Tél. : 03 80 22 71 29.
  Pommard premier cru Jarollières 2011 : 59 €.

SAINT-ESTÈPHE

Couleur: rouge
Nom de région: Bordelais
Nom de sous-région: Médoc
Appellation: AOP saint-estèphe
Cépages: cabernet sauvignon, merlot, cabernet franc, petit verdot
Potentiel de garde: 10-20 ans
Température de service: 17-18 °C
L'œil: robe rubis intense, qui devient profond en vieillissant.
Le nez: arômes de fruits mûrs (cassis) et notes florales (violette).
La bouche: puissante, structurée, de belle longueur.
Mets et vins: civet de lapin, faisan, pigeon.

- **Château Haut-Marbuzet,**
  33180 Saint-Estèphe. Tél.: 05 56 59 30 54.
  Saint-estèphe 2012 : 25 €.
- **Château Calon-Ségur,**
  33180 Saint-Estèphe. Tél.: 05 56 59 30 08.
  Saint-estèphe 2013 : 55 €.
- **Château Lafon-Rochet,**
  33180 Saint-Estèphe. Tél. : 05 56 59 32 06.
  Saint-estèphe 2012 : 28 €.

SAINT-JULIEN

Couleur : rouge
Nom de région : Bordelais
Nom de sous-région : Médoc
Appellation : AOP saint-julien
Cépages : cabernet sauvignon, merlot, cabernet franc
Potentiel de garde : 15-20 ans
Température de service : 16-18 °C
L'œil : rouge profond complet opaque.
Le nez : parfum de cerise noire, touche de réglisse.
La bouche : ample, suave, milieu de bouche complet et généreux.
Mets et vins : épaule d'agneau confite aux épices douces, pigeon rôti aux cerises burlats.

Mon commentaire : *le marché mondial étant très à la hausse, notamment du fait d'une forte demande en Asie et d'effets spéculatifs, ce vin reste un des meilleurs rapports qualité-prix, dans la catégorie des crus classés. Ce petit domaine (17 ha) est tenu de main de maître par Rémi Di Costanzo et par son propriétaire Jean-Louis Triaud, le patron des Girondins !*

- **Château Saint-Pierre,**
  33250 Saint-Julien-Beychevelle. Tél. : 05 56 59 08 18.
  Saint-julien 2012 : 41 €.

VOSNE-ROMANÉE

Couleur : rouge
Nom de région : Bourgogne
Nom de sous-région : Côte de Nuits
Appellation : AOP vosne-romanée
Cépage : pinot noir
Potentiel de garde : 8-10 ans
Température de service : 16-18 °C
L'œil : rubis intense, profond, brillance nette.
Le nez : délicat fruité, précis.
La bouche : à la fois ample, tendue, longue. Les tanins sont d'une définition précise et d'un toucher délicat.
Mets et vins : hampe de bœuf sauce vigneronne, pigeonneau rôti entier aux girolles.

Mon commentaire : *voici une révélation dans l'appellation vosne-romanée. Maxime Noëllat est prêt à évoluer au sein du domaine familial pour nous vinifier des vins de plaisirs.*

- **Vignoble Georges Noëllat,**
  21700 Vosne-Romanée. Tél. : 03 80 61 11 03.
  Vosne-romanée 2011 : 50 €.

Les vins doux naturels

MAURY

Couleur : rouge
Nom de région : Roussillon
Appellation : AOP maury
Cépages : grenache noir, carignan
Potentiel de garde : 15 ans
Température de service : 16 °C
L'œil : robe rouge grenat, intense, profonde, opaque.
Le nez : ouvert, flatteur, fruité à connotation de cerise noire, aux notes de petites prunes noires.
La bouche : une attaque ample, concentrée, structurée en bouche. Un vin très suave caractérisé par une grande richesse et de la douceur.
Mets et vins : foie gras chaud, cerises, gâteau au chocolat, fromages de brebis type Pyrénées.

Mon conseil : *peut être carafé.*

- **Domaine Pouderoux,**
  66550 Corneilla-la-Rivière. Tél. : 04 68 57 22 02.
  Maury hors d'âge (15 ans) : 27 €.
- **Domaine La Préceptorie,**
  66220 Saint-Paul-de-Fenouillet. Tél. : 04 68 59 26 74.
  Maury hors d'âge Le Vin Doux Rêveur : 19 €.

Les champagnes

CHAMPAGNE BLANC DE BLANCS

Couleur : blanc de blancs
Nom de région : Champagne
Appellation : AOP champagne
Cépage : chardonnay
Potentiel de garde : 5-10 ans
Température de service : 8-9 °C
L'œil : robe jaune pâle aux reflets verts, lumineuse.
Le nez : riche, fin et frais, aux notes de fleurs blanches et de fruits blancs à noyau. Petites touches de minéralité.
La bouche : un début de bouche droit, d'un style élancé, très rafraîchissant. Notes minéralisées en rétro-olfaction.

- **Champagne Pierre Moncuit,**
  51190 Le Mesnil-sur-Oger. Tél. : 03 26 57 52 65.
  Cuvée Hugues de Coulmet : 22 €.
- **Champagne Franck Bonville,**
  51190 Avize. Tél. : 03 26 57 52 30.
  Cuvée Brut Prestige : 29,30 € ;
  cuvée Les Belles Voyes : 45,30 €.
- **Champagne Claude Cazals,**
  51190 Le Mesnil-sur-Oger. Tél. : 03 26 57 52 26.
  Cuvée Vive : 25 € ; Clos Cazals 2004 : 68 €.

CHAMPAGNE ROSÉ

Couleur : rosé
Nom de région : Champagne
Appellation : AOP champagne
Cépages : pinot noir, chardonnay, pinot meunier
Potentiel de garde : 5 ans
Température de service : 8 °C
L'œil : robe saumonée, brillante, limpide.
Le nez : nez de fruits rouges acidulés, fin et élégant, où se dévoilent, à l'aération, la pêche et l'orange sanguine.
La bouche : à l'attaque, belle amplitude, riche. Le corps est souligné par une acidité nette, franche et légèrement incisive. La fin de bouche, acidulée, rappelle les fruits rouges. Une très belle longueur.
Mets et vins : gigot d'agneau, rougets grillés, volailles.

- **Bollinger,**
  51160 Aÿ. Tél. : 03 26 53 33 66.
  Bollinger brut rosé : 62 €.
- **Deutz,**
  51160 Aÿ. Tél. : 03 26 56 94 00.
  Deutz brut rosé : 49 €.

Quatrième partie

•

10 vins à goûter une fois dans sa vie

Voici 10 vins (ou plutôt 13…) qu'il faut avoir goûtés au moins une fois dans sa vie.

Montrachet, château-grillet, château-chalon et château-yquem… Le prince des gastronomes, Curnonsky, plaçait au rang des plus précieux bijoux de la Couronne ces quatre grands vins blancs.
J'ai complété sa liste par six grands vins rouges : romanée-conti, pauillac-château-latour, hermitage, musigny, pomerol-Château-Lafleur et châteauneuf-du-Pape, et par deux grands blancs : riesling du Rangen de Thann, et corton-charlemagne ainsi que par un champagne d'exception.

CHAMPAGNE CLOS-DU-MESNIL

Couleur : blanc
Nom de région : Champagne
Appellation : AOP champagne
Cépage : chardonnay
Potentiel de garde : 10-15 ans
Température de service : 7-10 °C

L'œil : jaune paille, quelques reflets verts. La bulle est abondante, le cordon très persistant.

Le nez : fin, raffiné et délicat, notes briochées, subtiles notes d'agrumes.

La bouche : ample, très vite tendue, densité rectiligne avec une grande longueur.

Mets et vins : huîtres plates de Cancale au caviar Osciètre, langoustines émincées à crue au citron vert.

Mon commentaire : *c'est l'archétype d'un très grand chardonnay du Mesnil où structure et fermeté riment avec élégance et délicatesse, où la bulle légère et fine avive les papilles et titille l'esprit.*

- **Krug,**
  51 100 Reims. Tél. 03 26 84 44 20.

CHÂTEAU-CHALON

Couleur : blanc
Nom de région : Jura
Appellation : AOP château-chalon
Cépage : savagnin
Potentiel de garde : 20-50 ans
Température de service : 15-18 °C (chambré)
L'œil : robe jaune or pâle, intense, quelques reflets verts.
Le nez : concentration et finesse caractérisent le nez d'un grand château-chalon. Les notes de noix fraîche se mêlent à celles de miel et de brioche. L'oxydation lente de son processus de vieillissement est relevée par une minéralité subtile.
La bouche : très long en bouche. Des notes beurrées et grillées se révèlent à la rétro-olfaction. C'est un vin très singulier qui se caractérise par une bouche ample maintenue par une vivacité remarquable.
Mets et vins : fromages à pâte cuite pressée (comté), canard à l'orange, grenouilles, truite au bleu, asperges, morilles, salade aux truffes.

Mon commentaire : *un grand vin pour les accords difficiles.*

- **Michel Pichet,**
  39210 Lavigny. Tél. : 03 84 25 30 86.

CHÂTEAU-GRILLET

Couleur : blanc
Nom de région : vallée du Rhône
Nom de sous-région : septentrionale
Appellation : AOP château-grillet
Cépage : viognier
Potentiel de garde : 8-10 ans
Température de service : 13 °C
L'œil : robe jaune or pâle, brillante et lumineuse.
Le nez : issu d'un cépage aromatique, ce vin se caractérise par des fragrances d'abricot et de violette ténues et subtiles. La minéralité du sol distingue le bouquet.
La bouche : une belle richesse et une belle amplitude à l'attaque. Tout en restant généreux, le château-grillet est aérien grâce à l'acidité due au terroir.
Mets et vins : poissons de rivière, poularde, ris de veau au chutney d'abricots, asperges, foie gras poêlé.

Mon commentaire : *depuis quelque temps, le château-grillet retrouve son prestige d'antan. Les derniers millésimes sont remarquables.*

- **Château Grillet,**
  42410 Vérin. Tél. : 04 74 59 51 56.

CORTON-CHARLEMAGNE

Couleur : blanc
Nom de région : Bourgogne
Nom de sous-région : Côte de Beaune
Appellation : AOP corton-charlemagne grand cru
Cépage : chardonnay
Potentiel de garde : 10-15 ans
Température de service : 10-12 °C
L'œil : jaune paille soutenu, intense.
Le nez : riche, fin, complexe, bouquet de fruits secs et de miel, notes grillées, ampleur et charme.
La bouche : très grande amplitude, complet, long, complexe.
Mets et vins : plats savoureux et goûteux type risottos aux champignons, homard grillé, volailles aux truffes.

Mon commentaire : *un vin unique par son ampleur.*

- **Domaine Jean-François Coche-Dury,**
  21190 Meursault. Tél. : 03 80 21 24 12.

MONTRACHET

Couleur : blanc
Nom de région : Bourgogne
Nom de sous-région : Côte de Beaune
Appellation : AOP montrachet
Cépage : chardonnay
Potentiel de garde : 10-15 ans
Température de service : 11-14 °C
L'œil : robe jaune or, dense, profonde et lumineuse.
Le nez : nez fin, riche, opulent avec un bouquet de fruits secs, de petites pointes minérales et des notes boisées discrètes.
La bouche : amplitude exceptionnelle, grande concentration et grande longueur, richesse et finesse.
Mets et vins : grands crustacés nobles (homard), truffe, volailles, caviar.

Mon commentaire : *un vin alliant puissance et structure à un niveau incomparable. L'Arc de triomphe du palais !*

- **Domaine de la Romanée-Conti,**
  21700 Vosne-Romanée. Tél. : 03 80 62 48 80.
- **Domaine Marc Colin et Fils,**
  21190 Saint-Aubin. Tél. : 03 80 21 30 43.
- **Domaine Leflaive,**
  21190 Puligny-Montrachet. Tél. : 03 80 21 30 13.

RIESLING DU RANGEN DE THANN

Couleur : blanc
Nom de région : Alsace
Appellation : AOP alsace grand cru
Cépage : riesling
Potentiel de garde : 20-30 ans
Température de service : 9-10 °C
L'œil : or pâle, intense avec beaucoup d'éclat.
Le nez : ouvert, aromatique, expressif et fin. Le bouquet révèle des notes d'agrumes, d'infusion comme la verveine, le citron confit et une pointe de minéralité.
La bouche : attaque franche et directe, serrée, tendue et longue telle une épée.
Mets et vins : poissons blancs nobles, langoustines en carpaccio, homard.

Mon conseil : *il donne son optimum au bout de 10 ans, mais ce vin peut être consommé plus tôt. L'association du cépage riesling et d'une terre volcanique donne un vin d'une minéralité unique en Alsace.*

- **Domaine Zind-Humbrecht (clos Saint-Urbain),**
  68230 Turckheim. Tél. : 03 89 27 02 05.

CHÂTEAU-D'YQUEM

Couleur : blanc
Nom de région : Bordelais
Appellation : AOP sauternes
Cépages : sémillon, sauvignon
Potentiel de garde : 20-50 ans
Température de service : 8-10 °C
L'œil : robe jaune or, intense, brillante, profonde.
Le nez : richesse et fraîcheur caractérisent son nez où se mêlent senteurs d'Orient et fruits confits (agrumes) et de cire d'abeille, des arômes de fruits secs, des arômes mellifères, riches, opulents, généreux.
La bouche : un vin doux, ample, gras, moelleux, d'une richesse incroyable qui reste frais grâce à sa grande acidité naturelle due à son terroir.
Mets et vins : volailles, foie gras, blanc-manger aux amandes, soufflé au miel.

Mon conseil : *ne pas servir trop frais. Son équilibre lui permet de supporter une température de service de 10 °C.*

Mon commentaire : *avec un certain vieillissement, sa robe topaze et son nez riche lui donnent un caractère unique.*

- **Château d'Yquem,**
  33210 Sauternes. Tél. : 05 57 98 07 07.

CHÂTEAU-LAFLEUR

Couleur : rouge
Nom de région : Bordelais
Nom de sous-région : libournais
Appellation : AOP pomerol
Cépages : merlot, cabernet franc
Potentiel de garde : 15-20 ans
Température de service : 16-18 °C
L'œil : rouge cerise intense.
Le nez : fin, fruité, délicatement épicé, touche de truffe noire à l'aération.
La bouche : grande amplitude, tendue, d'une belle puissance et élégance. Finale remarquable. Développement aromatique dominé par les fruits noirs, la truffe.
Mets et vins : selle d'agneau de lait rôtie au foin et sauce Périgueux, perdreaux gris à la broche et rôties aux truffes.

Mon commentaire : *ce microdomaine de 4,5 hectares n'a jamais été modifié depuis 1872. Un exceptionnel terroir de graves donne aux cabernet-franc une maturité et une finesse exceptionnelles. Le merlot s'enracine dans le même sol d'argile profonde que son proche voisin Pétrus.*

- **Château Lafleur,**
  33240 Mouillac. Tél. : 05 57 84 44 03.

CHÂTEAU-LATOUR

Couleur : rouge
Nom de région : Bordelais
Nom de sous-région : Médoc
Appellation : AOP pauillac
Cépages : cabernet sauvignon, merlot, cabernet franc, petit verdot
Potentiel de garde : 20-40 ans, voire plus
Température de service : 18 °C
L'œil : robe rouge grenat intense, profonde, opaque dans sa jeunesse, d'une grande densité.
Le nez : profond, serré, complet, à dominante de fruits noirs, de notes boisées ou de tabac blanc (havane).
La bouche : ample, très riche, structurée, avec des tanins présents. C'est un vin vigoureux en bouche, classique, avec beaucoup de personnalité. Il est fondé sur l'équilibre.
Mets et vins : côtes d'agneau rôties, grand saint-nectaire, palombe et poêlée de cèpes.

Mon commentaire : *l'un des endroits au monde où le cabernet sauvignon donne sa plus belle expression. Ici, il révèle une régularité et une intensité uniques.*

- **Château Latour,**
  33250 Pauillac. Tél. : 05 56 73 19 80.

CHÂTEAUNEUF-DU-PAPE

Couleur: rouge
Nom de région: vallée du Rhône
Cépages: grenache majoritaire
Potentiel de garde: 20 ans
Température de service: 17-18 °C
L'œil: robe rouge rubis d'intensité moyenne, lumineuse.
Le nez: généreux, concentré, fin. Douceur.
La bouche : à l'attaque sphérique, généreuse. Milieu tendu et volumineux. Notes épicées, boisées, mêlées aux notes de fruits à l'eau-de-vie. Très belle longueur.
Mets et vins : pieds et paquets de veau, gigot de sept heures, gibier, chausson aux truffes.

Mon commentaire : *sur les galets roulés de Chateauneuf, le grenache devient subtil et ample.*

- **Château Rayas,**
  84230 Châteauneuf-du-Pape. Tél.: 04 90 83 73 09.
- **Domaine Henri Bonneau,**
  84230 Châteauneuf-du-Pape. Tél.: 04 90 83 73 08.
- **Domaine Le Vieux Donjon,**
  84230 Châteauneuf-du-Pape. Tél.: 04 90 83 70 03.

HERMITAGE

Couleur : rouge
Nom de région : vallée du Rhône
Nom de sous-région : septentrionale
Appellation : AOP hermitage
Cépage : syrah
Potentiel de garde : 20 ans
Température de service : 18 °C
L'œil : rouge grenat intense, opaque.
Le nez : profond, fin, complet, avec un bouquet mêlant fruits noirs et épices.
La bouche : ample, serrée, longue, avec des tanins fins, épicés, et des notes aromatiques en rétro-olfaction originales : les notes de cassis compotées sont soulignées par celles poivrées, raffinées.
Mets et vins : pigeon, canard, chausson aux truffes.

Mon commentaire : *si la syrah apporte souvent des notes orientales aux vins, l'hermitage lui donne son expression la plus raffinée avec une pointe de fraîcheur singulière, révélatrice des meilleurs terroirs.*

- **Domaine Jean-Louis Chave,**
  07300 Mauves. Tél. : 04 75 08 24 63.

MUSIGNY

Couleur : rouge
Nom de région : Bourgogne
Nom de sous-région : Côte de Nuits
Appellation : AOP musigny grand cru
Cépage : pinot noir
Potentiel de garde : 20 ans
Température de service : 17 °C
L'œil : rubis profond, brillant, éclatant, dense, lumineux.
Le nez : fruité, touche orientale, notes de fruits mûrs. Profond, très fin. Comme un voyage !
La bouche : texture très veloutée, tanins gras, ronds. L'acidité donne du relief. Intensité et légèreté. La rétro-olfaction rappelle les notes perçues au nez.
Mets et vins : chevreuil, cailles, pigeon, bécasses, champignons… cuisinés avec délicatesse.

Mon commentaire : *c'est un équilibre parfait entre texture, émotion, finesse… Il donne le sentiment d'approcher l'inatteignable finesse des plus grands vins du monde.*

- **Domaine Leroy,**
  21700 Vosne-Romanée. Tél. : 03 80 21 21 10.
- **Domaine G. Roumier,**
  21220 Chambolle-Musigny. Tél. 03 80 62 86 37.

ROMANÉE-CONTI

Couleur : rouge
Nom de région : Bourgogne
Nom de sous-région : Côte de Nuits
Appellation : AOP romanée-conti
Cépage : pinot noir
Potentiel de garde : 20-30 ans
Température de service : 17-18 °C
L'œil : robe rouge grenat intense, très lumineuse, brillante, avec une profondeur moyenne.
Le nez : riche, frais, subtil et fin, avec une dominante de fruits noirs et des notes boisées, rendant le bouquet aérien et profond.
La bouche : ample et équilibrée, longue, aérienne. Beaucoup de distinction, sans trop de puissance.
Mets et vins : volailles, petit gibier à plumes rôti.

Mon commentaire : *une longueur incroyable, tout en délicatesse. La perfection dans le raffinement.*

- **Domaine de la Romanée-Conti,**
  21700 Vosne-Romanée. Tél. : 03 80 62 48 80.

Glossaire

Voici quelques définitions qui vous seront utiles pour parler de vos sensations lorsque vous dégusterez un vin… et pour décrypter le langage des sommeliers !

Acidité : l'une des quatre saveurs de base du vin. Elle est responsable de sa nervosité et de sa vivacité.

AOP : appellation d'origine protégée, équivalent de l'AOC au niveau européen. C'est désormais ce signe d'origine européenne qui s'impose sur les étiquettes.

Aromatique : chargé en arômes faciles à identifier.

Arôme : parfum d'un vin qui participe au bouquet.

Bouchonné : qui a pris un goût de bouchon.

Bouquet : ensemble des odeurs perceptibles d'un vin.

Cépage : variété de plant de vigne cultivée (par exemple : cabernet, merlot, pinot, chardonnay, riesling, etc.).

Chambrer : mettre le vin à la température de la pièce, le réchauffer légèrement.

Charnu : se dit d'un vin riche, qui a de la chair, de la fermeté et du corps.

Charpenté : se dit d'un vin qui présente un bel équilibre entre les quatre saveurs (acidité, tanin, fruit, alcool), qui promet une excellente garde.

Complexe : se dit d'un vin d'une grande richesse gustative et olfactive.

Corps : un vin qui a du corps est riche en alcool, en acidité et en tanin. Son goût envahit la bouche.

Cru : vin produit par un terroir donné.

Décanter : séparer par gravité des matières solides ou liquides en suspension, qu'on laisse déposer.

Délicat : se dit d'un bon vin léger et bien équilibré.

Dense : se dit d'un vin plein de saveur et dont la coloration est bonne.

Distingué : se dit d'un vin parfaitement équilibré et plein de noblesse.

Élégant : se dit d'un vin de qualité exceptionnelle et bien équilibré.

Épicé : se dit d'un vin qui présente des flaveurs d'épices (poivre, girofle, cannelle, etc.).

Équilibré : se dit d'un vin dont l'ensemble des constituants de base (alcool, tanins, acidité) sont en harmonie les uns avec les autres.

Floral : se dit d'un vin, généralement jeune, dont le bouquet rappelle des senteurs florales.

Franc : se dit d'un vin dépourvu de défauts, de goûts ou d'arômes parasites.

Fruité : se dit d'un vin dont le parfum rappelle celui des fruits.

Garde : un vin de garde est un vin qui a un bon potentiel de vieillissement et n'acquiert toutes ses qualités qu'après plusieurs années.

Généreux : riche en alcool.

Liquoreux : qualifie les vins offrant une sensation de douceur intense, due à la présence de sucres résiduels (sucres du raisin non transformés en alcool lors de la fermentation).

Long en bouche : se dit d'un vin qui a une grande persistance gustative au palais.

Mâche : un vin qui a de la mâche est un vin charnu, qui a du corps, et qui donne l'impression qu'on pourrait le mâcher.

Millésime : année de récolte d'un vin.

Nez : caractère olfactif, analyse des arômes d'un vin.

Puissant : se dit d'un vin vineux et charnu, riche en alcool et en tanin.

Racé : se dit d'un vin distingué, noble et nerveux.

Robe : couleur du vin.

Rond : se dit d'un vin ample, bien évolué, franc et sans aspérité.

Souple : se dit d'un vin coulant et rond, sans âpreté.

Suave : se dit d'un vin délicat et harmonieux.

Tanin : substance organique présente dans le vin rouge, provenant des pépins, des rafles ou des peaux du raisin.

Tannique : se dit d'un vin qui provoque un resserrement des tissus des muqueuses buccales. Lorsque cette sensation est désagréable, on dit que le vin est âpre. Dans le cas contraire, on dit que le vin a de la mâche.

Vif : se dit d'un vin jeune, stimulant et rafraîchissant.

Index par région

Index par couleurs

Les vins blancs

Les vins blancs liquoreux

Les vins rosés

Les vins rouges

Les vins doux naturels

Les champagnes